Johann Aßbeck

Englisch-Hausaufgaben, *die Spaß machen*

Übungen und Tipps
zur Vertiefung der
Englischkenntnisse

Auer Verlag GmbH

Gedruckt auf umweltbewusst gefertigtem, chlorfrei gebleichtem
und alterungsbeständigem Papier.

1. Auflage 2007
Nach den seit 2006 amtlich gültigen Regelungen der Rechtschreibung

Illustrationen: Heribert Schneider-Kett
Satz: TypoGrafik S. Kampczyk, Mering
Druck und Bindung: R. N. Aubele GmbH, Bobingen
ISBN 978-3-403-0**4769**-8

www.auer-verlag.de

Inhalt

1.	**Vorbemerkung und Einführung**	5
2.	**Ziele und Funktionen von Hausaufgaben**	9
	a) Nachbereitung des im Unterricht Erarbeiteten	9
	b) Vorbereitung von Unterricht	11
	c) Erprobung und Einübung von Lern- und Arbeitstechniken	13
	d) Kreativer Umgang mit der Fremdsprache	14
	e) Hinführung zu Selbstständigkeit und eigenverantwortlichem Lernen	14
	f) Feedback für Lehrer und Schüler	15
3.	**Prinzipien sinnvoller Hausaufgaben**	17
4.	**Hausaufgabenvorschläge für die Praxis**	21
4. 1	Allgemeine Hinweise	21
4. 2	Hausaufgaben für den Wortschatzerwerb	21
4. 2. 1	Hausaufgaben zum Einprägen von Wortschatz	22
4. 2. 2	Hausaufgaben zum Üben von Kollokationen/Wortkombinationen	32
4. 2. 3	Hausaufgaben zur Systematisierung von Wortschatz	38
4. 2. 4	Hausaufgaben zum Üben von Strategien zur Erschließung des Wortschatzes	49
4. 2. 5	Hausaufgaben als Vorbereitung des freien Sprechens und Schreibens	52
4. 3	Hausaufgaben für den Grammatikerwerb	61
4. 3. 1	Hausaufgaben für gesteuertes Üben von Grammatik	61
4. 3. 2	Hausaufgaben für freies Anwenden von Grammatik	70
4. 4	Hausaufgaben zur Verbesserung der Sprechfertigkeit	94

4. 5 Hausaufgaben zur Verbesserung der Schreibfertigkeit 106

4. 6 Hausaufgaben als Weg zum selbstständigen Lernen 112

5. Schlusswort 124

Zitierte Literatur 125

Register 126

1. Vorbemerkung und Einführung

Für welche Personengruppen wurde dieses Buch geschrieben? In erster Linie natürlich für **Englischlehrerinnen und -lehrer**. Sie geben regelmäßig (?) Hausaufgaben und sind dabei möglicherweise nicht immer ganz glücklich, weil sie unter Umständen den Eindruck haben, in diesem Bereich stets die gleichen Wege der Routine zu beschreiten. Ihnen will dieses Buch Anregungen geben für eine vielseitigere, abwechslungsreiche und systematische Hausaufgabenpraxis, die gezielt das selbstständige Lernen fördert.

Das Buch richtet sich auch – und vor allem – an **Referendare** und **Lehramtsstudierende**. Es versucht, ihnen Orientierungshilfen für sinnvolle und motivierende Hausaufgabenstellungen zu geben, die als Basis für weiterführende eigene Erprobungen von Hausaufgabenideen dienen können. Gerade zu Beginn des Lehrberufs ist es wesentlich, einen bei Schülern meist unbeliebten Aspekt der Schule sorgfältig zu reflektieren, sich ein breites Spektrum an Aufgaben zu erarbeiten und diese funktional und zielgerichtet einzusetzen – nur dann werden sie langfristig von den Schülern auch akzeptiert!

Letztlich wurde dieses Buch aber für alle **Schülerinnen und Schüler** geschrieben. Sie sind es schließlich, die unter Hausaufgaben leiden oder in ihnen sinnvolles Lernen und Üben erkennen. Sie haben deshalb ein Recht auf Hausaufgaben, die zur Beschäftigung mit Englisch motivieren, die einen sinnvollen Umgang mit der Fremdsprache ermöglichen und nicht bloß lästige (und monotone) Pflicht darstellen.

Zahlreichen Schülerinnen und Schüler bin ich zu großem Dank verpflichtet, denn sie haben nicht nur willig, sondern auch mit großem Interesse so manches Hausaufgabenexperiment über sich ergehen lassen. Besonderen Dank schulde ich Katharina Köhler für die kritische Lektüre und das geduldige Tippen des Manuskripts. Ohne ihre engagierte Unterstützung wäre dieses Buch noch nicht erschienen.

„Oh nein, nicht schon wieder Hausaufgaben!“

Hausaufgaben müssen so lustbetont gestaltet werden, dass der Schüler motiviert ist, sie zu bewältigen, und dass sie ihm Erfolgserlebnisse ermöglichen, die dann auch auf das Lernen im Unterricht ausstrahlen. (Peter Struck: *Neue Lehrer braucht das Land,* S. 115f.)

Die meisten Schüler würden diesen Satz wohl mit ungläubigem Staunen lesen, denn ihre Alltagsrealität entspricht zumeist dem Gegenteil:

- Hausaufgaben sind oft monoton und ihr unmittelbarer Nutzen ist nicht immer erkennbar, denn häufig wird die Hausaufgabenstellung von Lehrern als Pflichtteil einer Unterrichtsstunde verstanden („Hausaufgaben müssen halt sein"). Ihr Beitrag zum Lernerfolg wird von zahlreichen Lehrkräften als inhärent angesehen – ohne weitergehende Überlegungen, ob **diese** Hausaufgabe in Bezug auf das Lernziel wirklich funktional ist und ob Zeitaufwand und Effektivität in einem sinnvollen Verhältnis zueinander stehen.
- Hausaufgaben bedeuten zumeist auch viel (Ab-)Schreibarbeit. Viele Lehrkräfte betrachten nur schriftliche Hausaufgaben als „richtige" Hausaufgaben, denn ihr Ergebnis ist sichtbar und somit kontrollierbar – und Kontrolle muss sein, wenn Hausaufgaben nicht aus sich heraus attraktiv und motivierend sind.
- Hausaufgaben sind auch immer wieder Anlass zu Verwirrung und Verunsicherung aufseiten der Schüler. Häufig ist für sie nicht nur das Ziel der Hausaufgabe, sondern auch die Hausaufgabenstellung selbst unklar – und bevor man eine Hausaufgabe falsch ausführt und sich dann über vergeudete Zeit ärgern muss, macht man sie lieber gleich gar nicht.
- Hausaufgaben werden gelegentlich sogar als Strafmaßnahmen missbraucht (*„Ihr habt heute nicht richtig mitgearbeitet, deshalb müsst ihr den Rest jetzt zu Hause machen!"*) und dadurch grundsätzlich negativ belastet.

Die Realität der Hausaufgabenpraxis ist also in vielen Fällen weit davon entfernt,

➜ Hausaufgaben und Unterricht sinnvoll miteinander zu verzahnen, sodass Hausaufgaben für das aktuelle Unterrichtsgeschehen wichtig werden;

➜ Hausaufgaben so zu gestalten, dass Schüler ihr individuelles (Experten-) Wissen, ihre Interessen und Erfahrungen sowie ihre spezifische Arbeitsweise einbringen können;

➜ Hausaufgaben zu einem Bereich des selbstständigen Lernens, der Weiterentwicklung sinnvoller Lerntechniken und Arbeitsweisen zu machen.

Diese wünschenswerten Merkmale von Hausaufgaben sind aber die Voraussetzung dafür, dass Schüler sich motiviert und intensiv mit ihnen auseinandersetzen – anstatt intensiv über Vermeidungsstrategien und Ausreden nachzudenken.

„Hausaufgaben – muss das denn wirklich sein?“

Jeder Lerner hat seinen eigenen *„inneren Lehrplan“* (Axel Vielau: *Methodik des kommunikativen Fremdsprachenunterrichts,* S. 48ff.) und unterschiedliche *„Inkubationszeiten“* für die Elemente der Fremdsprache, die er sich erwerben soll. Das heißt, dass selbst bei identischem und hocheffektivem Unterricht unterschiedliche Lerner sich mit Wörtern, Grammatikstrukturen, Texten etc. unterschiedlich lange, unterschiedlich intensiv und auf unterschiedliche Art und Weise beschäftigen müssen, um zu annähernd gleichen Lernergebnissen zu gelangen. Das ist eine Binsenweisheit, die erfahrenen Lehrkräften wohlbekannt ist, die aber dennoch im Unterricht bis jetzt nur in bescheidenem Umfang zu Konsequenzen geführt hat (z. B. in Form von Freiarbeit, Stationenlernen etc.). In der Hausaufgabenpraxis hingegen sind Konsequenzen so gut wie überhaupt nicht erkennbar.

Hausaufgaben müssen also sein, wenn die Schule ihren Schülern nicht genügend Zeit und Freiraum für individuelles, selbstverantwortliches Lernen zur Verfügung stellt oder stellen kann. Allerdings muss in diesem Fall die Hausaufgabe dem Lerner die Möglichkeit bieten, auch (in einem sinnvollen Rahmen) seine eigenen Schwerpunkte zu setzen, gezielt (mit sinnvoller Anleitung) seine Problembereiche zu verbessern, seinen Lernprozess (weitgehend) selbst zu gestalten und seine individuellen Lernstrategien zu erproben und weiterzuentwickeln.

Hausaufgaben sind folglich (in Halbtagsschulen) notwendig, damit Schüler das Lernen lernen können – von der mittelfristigen Terminplanung über eine Woche hinweg oder länger bis zur Zeiteinteilung am Nachmittag, von der Vokabellerntechnik bis zur selbstständigen Erarbeitung eines Textes. Hausaufgaben sollen dazu beitragen, dass Schüler sich bewusst mit dem Lernen auseinandersetzen, über **ihre** optimale Lern- und Arbeitsweise nachdenken und diese (mittels Beratung durch die Lehrkraft und im Erfahrungsaustausch mit anderen Schülern) stetig weiterentwickeln.

Dies muss konsequenterweise zur Folge haben, dass auch Hausaufgaben Anleitungen und Anregungen zum richtigen, d. h. effektiven Lernen geben und dass sie Möglichkeiten der Wahl und der Selbstbestimmung beinhalten. Wer entsprechend seinen Interessen und Bedürfnissen auswählen kann, arbeitet motivierter und effektiver. Wer sich bei der Hausaufgabenerledigung aufgrund klarer Aufgabenstellung und Anleitung sicher fühlt, sucht nicht so schnell nach Vermeidungsstrategien. Wer den Eindruck hat, durch die Hausaufgabe nicht nur einen kompetenten Umgang mit der Fremdsprache, sondern auch effektiveres Lernen zu lernen, betrachtet sie nicht bloß als eine lästige Pflicht, die schnell und lieblos „erledigt“ wird.

2. Ziele und Funktionen von Hausaufgaben

Traditionell werden Hausaufgaben zumeist nur mit dem Ziel der Wiederholung, Übung und Festigung des im Unterricht Erarbeiteten eingesetzt. Dadurch wird aber nur ein Teil des Potenzials von Hausaufgaben ausgeschöpft. Hausaufgaben können ganz verschiedene Funktionen erfüllen, auch wenn diejenige der Nachbereitung sicherlich eine der wichtigsten ist.

a) Nachbereitung des im Unterricht Erarbeiteten

Die im Unterricht vermittelten bzw. erarbeiteten Sprachelemente (Wortschatz, Grammatik etc.) müssen zu Hause wiederholt, (vertiefend) geübt und umgewälzt sowie eingeprägt werden. Speicherung, Transfer und Vernetzung sind gerade im Fremdsprachenunterricht äußerst wichtige (und höchst individuelle) Prozesse. Die Optimierung dieser Prozesse ist die Voraussetzung für den kommunikativen Gebrauch der Fremdsprache. Hausaufgaben, die sich stets damit begnügen, den Lernstoff nur eng gesteuert zu üben, greifen deshalb zu kurz. Sie müssen darüber hinaus die Schüler zur vertiefenden Verarbeitung führen durch die folgenden Aufgabengrundtypen.

Die Schüler müssen das Gelernte eigenständig **systematisieren**, mit dem früher Gelernten **vernetzen** und so tiefer verarbeiten.

Dies kann z.B. folgendermaßen geschehen:

- Die Schüler strukturieren den neu gelernten Wortschatz zu Wort-, Sach- oder Themenfeldern um und ergänzen ihn durch früher gelernte Wörter.
- Die Schüler sammeln Beispielsätze zum neu erarbeiteten *past perfect* und zu den früher gelernten *tenses of the past*. Bei der Vorstellung im Unterricht müssen die unterschiedlichen Situationen und Perspektiven erklärt werden.

Die Schüler müssen das Gelernte eigenständig **neu kombinieren, weiterentwickeln,** auf neue Situationen **transferieren** und so die Anwendung in der Realsituation vorbereiten. Dazu sind schülerorientierte und individualisierende Aufgabenstellungen nötig, die den unterschiedlichen Lebensbedingungen der Schüler (native speaker verfügbar? Familienmitglieder mit Englischkenntnissen etc.) und ihren Persönlichkeitsvariablen (mutig und experimentierfreudig? unsicher? etc.) Rechnung tragen.

Dies kann z. B. in folgender Weise geschehen:

- Die Schüler wenden die höfliche Bitte *"could I...? could you...?"* mindestens zehn Mal in der eigenen Familie an.
- Die Schüler entwerfen zu acht neu erarbeiteten Wörtern einen eigenen Lückentext. In der Folgestunde muss der Banknachbar die neuen Wörter richtig in die Lücke einsetzen.

Die Schüler müssen einen Bezug herstellen zwischen dem im Unterricht Erarbeiteten und dem eigenen Leben. Sie sollen dabei das Gelernte **anwenden** und **erproben** und gleichzeitig seine Nützlichkeit erfahren. Dabei sollen sie sich auch der (zwangsläufig) noch vorhandenen Defizite in diesem Bereich bewusst werden, die Ausgangspunkt für weitergehendes Lernen sein können.

Folgende Möglichkeiten bieten sich z. B. an:

- Die Schüler haben im Unterricht den englischsprachigen Wetterbericht kennengelernt und das entsprechende Vokabular erarbeitet. Zu Hause verfolgen sie am Nachmittag und am Abend jeweils auf einem englischsprachigen Fernsehkanal den Wetterbericht, versuchen, ihn möglichst vollständig zu verstehen und beim abendlichen Wetterbericht Notizen zu machen, die im Unterricht eine mündliche Rekonstruktion dieses Wetterberichts erlauben.
- Im Unterricht wurde der Themenbereich *"holidays, tourism, sights"* behandelt. Die Schüler sollen (sofern ihr Wohnort dies ermöglicht) innerhalb einer Woche zusammen mit zwei Partnern Englisch sprechende Touristen (nicht unbedingt *native speakers*) interviewen (Welcher Urlaub ist geplant? Wie gefällt ihnen die Stadt? Was haben sie besichtigt / wollen sie besichtigen? Wo übernachten sie? etc.) und die wichtigsten Ergebnisse festhalten.

Die Schüler müssen sich der eigenen Lerndefizite bewusst werden und sich **Feedback** über ihren Wissens- und Könnensstand verschaffen. Sie sollen dabei erkennen, bei welchen Problemen sie die Lehrkraft verstärkt als Lernberater heranziehen und wo genau Lernstrategien ansetzen müssen.

- Die Schüler wiederholen eine größere Anzahl „alter" Wörter, die sie auf Karteikarten festgehalten haben, kategorisieren die nicht mehr beherrschten Wörter (z. B. lange Wörter, Abstrakta, Adverbien, fremde Lebensbereiche etc.) und denken zusammen mit der Lehrkraft über effektivere Einprägetechniken und evtl. auch über eine andere Gestaltung der Karteikarten nach.

- Die Schüler erhalten von der Lehrkraft Tests (z. B. aus Zusatzmaterialien, Lernhilfebüchern etc.), die viele verschiedene Grammatikprobleme im Kontext überprüfen. Sie erledigen den Test, werten ihn selbstständig aus und versuchen dabei ihre schwachen Grammatikbereiche festzuhalten.

b) Vorbereitung von Unterricht

Hausaufgaben werden auch deswegen häufig nicht oder nur lieblos erledigt, weil eine unmittelbare Wirkung für die Schüler nicht erkennbar ist: Der Unterrichtsverlauf in der Folgestunde ist meist unabhängig von ihrer (Nicht-)Erledigung, Hausaufgaben sind nicht in den Folgeunterricht integriert, der Schüler trägt mit der (Nicht-)Erledigung der Hausaufgabe nichts zum Miss- oder Gelingen dieser Unterrichtsstunde bei. Werden vorbereitende Hausaufgaben gestellt, so werden sie meist zu vereinfachend lediglich als Mittel der „Beschleunigung" der nachfolgenden Unterrichtsstunde gesehen (z. B. die Wörter zu einem neuen Text vorweg lernen), nicht aber als unverzichtbare Voraussetzung für attraktive Aktivitäten im Unterricht. Vorbereitende Hausaufgaben können die folgenden Teilfunktionen haben:

Sie können ein primär affektives Ziel verfolgen, indem sie eine **positive Erwartungshaltung** aufbauen, **Neugierde** hervorrufen, zur Spekulation anregen und so die Folgestunde „emotional vorbereiten".

- Die Schüler sollen zu Hause ein Seeungeheuer zeichnen und seine Körperteile und Wesenszüge (mithilfe des Lexikons) benennen. In der Folgestunde wird das Ungeheuer von Loch Ness behandelt, mit den Schülerzeichnungen wird eine Ausstellung im Klassenzimmer (und später vielleicht in der Eingangshalle der Schule) gestaltet.

Vorbereitende Hausaufgaben können auch eingesetzt werden, um Sprach- und Weltwissensschemata zu aktivieren und so die Rezeption von Hör- und Lesetexten in der Folgestunde zu erleichtern. Durch das **Aktivieren von Vorwissen, Meinungen und Wertungen** können auch Gespräche (über Texte) ergiebiger gestaltet werden, da auf diese Weise der Sprechprozess entlastet wird.

- Die Schüler erhalten ein Bild von einem urbanen Autobahnknoten. Sie sollen zu Hause all die englischen Wörter und Wendungen auf dem Blatt festhalten, die sie mit diesem Bild assoziieren, und zudem ihre Gefühle und Eindrücke beim Betrachten des Bildes. Das Nachschlagen im Lexikon ist ausdrücklich erwünscht. In der Folgestunde wird ein Hör- / Leseverstehenstext zum Thema *"Commuting / transport in modern urban societies"* behandelt.

- Es soll im Unterricht das Thema *"pocket money"* in Kommunikation umgesetzt werden. Ein Drittel der Schüler soll zu Hause möglichst viele Argumente sammeln, die Eltern gegen eine Taschengelderhöhung ins Feld führen (und diese in englischen Notizen festhalten). Die restlichen Schüler sollen in gleicher Weise möglichst viele Argumente für eine Taschengelderhöhung sammeln. In der Folgestunde erkundigen sich die Schüler zunächst innerhalb ihrer Gruppe nach den Argumenten, die die anderen gefunden haben. Dann setzen sich jeweils zwei Schüler der Pro-Taschengelderhöhungsgruppe mit einem Schüler der Kontra-Gruppe zusammen und versuchen diesen von der Notwendigkeit einer Taschengelderhöhung zu überzeugen, gegen die dieser möglichst viele Gegenargumente ins Feld zu führen versucht.

Durch vorbereitete Hausaufgaben können Schüler **Verantwortung für den Unterricht übernehmen.** Baut der Unterricht auf der Arbeit der Lerner auf, dann kann der Lernende auf seinen eigenständigen und selbstverantwortlichen Beitrag stolz sein: Das Gelingen dieser Stunde ist (auch) abhängig von seiner Leistung.

Zwei Beispiele sollen diese Funktion illustrieren:

- Die Schüler erarbeiten zu Hause selbstständig anhand authentischer Materialien, die ihnen die Lehrkraft zur Verfügung stellt oder die sie sich per Internet selbst beschaffen, Informationen zu verschiedenen Aspekten Cornwalls (interessante Städte, Übernachtungsmöglichkeiten, kulinarische Besonderheiten, Sportmöglichkeiten etc.). In den Folgestunden wird daraus das Programm für eine fiktive (oder besser: reale) Klassenreise nach Cornwall erstellt (und evtl. in Form einer Wandzeitung festgehalten).
- Jeder Schüler erhält ein englisches Wort und soll damit zu Hause einen englischen Satz so auf einen Papierstreifen schreiben, dass dieser an der Tafel lesbar ist. Die Schüler erhalten eine sehr allgemeine thematische Vorgabe, z. B. dass der Satz als Teil einer *horror story* geeignet sein soll. In der Folgestunde werden die Sätze (evtl. ergänzt durch weitere ad hoc erstellte) so an der Wand / Tafel zusammengesetzt, dass sie eine zusammenhängende *horror story* ergeben.

Vorbereitende Hausaufgaben sollen die Schüler systematisch **zum selbstständigen Wissenserwerb** hinführen. Die Schüler sollen dabei lernen, mit den wichtigsten Instrumentarien der Informationsbeschaffung vertraut zu werden, Fragestellungen nachzugehen und Inhalte zu erforschen und zu werten. Dabei sollen sie sich auch bewusst mit selbstverantwortlichem Spracherwerb auseinandersetzen.

- Die Schüler sollen für einen einwöchigen Aufenthalt im schottischen Hochland attraktive Übernachtungsmöglichkeiten via Internet eruieren. Dabei müssen sie überprüfen, welche der gefundenen schottischen Hotels / Jugendherbergen etc. sich in den Highlands befinden. Sie müssen die Preise und eventuellen *special offers* herausfinden und die mögliche Palette von nahegelegenen *sights*, von Ausflugsmöglichkeiten und Sportangeboten erkunden. Es ist also zusätzlich zur primären Informationsbeschaffung über die Übernachtungsmöglichkeiten der Umgang mit Karten und (elektronischen) Lexika nötig. Dabei sollen die Schüler selbst entscheiden, welche der bislang unbekannten, sachspezifischen Wörter sie bei der Vorstellung ihrer Informationen den Gruppen / Klassenmitgliedern vermitteln wollen.

c) Erprobung und Einübung von Lern- und Arbeitstechniken

Hausaufgaben bieten einen geeigneten Freiraum zur Erprobung, Einübung und Individualisierung von Lern- und Arbeitstechniken. Die Lerner sollen bei der Hausaufgabe – nach entsprechender Hinführung im Unterricht – die Chance der Selbstbestimmung nützen und die ihrem Lernertyp und ihren spezifischen Lernbedürfnissen adäquaten Lern- und Arbeitstechniken einsetzen, ihre Anwendung und Effektivität reflektieren und bewusst eigene Wege gehen. Hausaufgaben stellen in dieser Hinsicht eine ideale Gelegenheit dar, sich Klarheit über den eigenen, individuellen Lernprozess zu verschaffen und auf diese Weise das Lernen zu lernen (vgl. Wolfgang Pauels: *Hausaufgaben im prozessorientierten Fremdsprachenunterricht,* S. 235). Natürlich ist all dies im Rahmen der Hausaufgabe erst dann möglich, wenn im Unterricht ein entsprechendes Repertoire von Lern- und Arbeitstechniken vermittelt worden ist und wenn in Freiräumen des Unterrichts (z. B. in Freiarbeitsphasen, beim Stationenlernen etc.) diese Techniken bewusst angewendet und durch die Lehrkraft oder auch andere Lerner u. U. modifiziert worden sind. Soll die Hausaufgabe diese Funktion der **Entwicklung von Methodenkompetenz** übernehmen, dann muss die Aufgabenstellung differenziert erfolgen und den Schülern die Möglichkeit der Auswahl und individuellen Gestaltung bieten. Darüber hinaus muss die Aufgabenstellung lerntechnische Hinweise enthalten, die (mögliche) Wege zur Erledigung der Aufgabe aufzeigen.

Ein Beispiel soll diese Ausführungen verdeutlichen:

- Die Schüler sollen zu Hause einen Text über einen Autounfall verfassen, wobei ihnen die Textart (persönlicher Bericht, Zeitungsartikel, Polizeiprotokoll, aufgeregtes Gespräch etc.) überlassen bleibt. Sie erhalten dazu als Schreibanreiz ein Bild eines Autounfalls. Um den Schreibprozess zu entlasten, sollen sie zunächst möglichst viele themenspezifische Wörter assoziativ abrufen und auf einem Blatt festhalten. In einem zweiten Durchgang sollen sie dann diese Wörter zu Wendungen, Wortkombinationen erweitern (*to skid => to skid helplessly towards...*) und eine kleine Liste von Wörtern aufstellen, die Handlungen strukturieren (*while, all of a sudden, at that moment...*). Nach dieser lexikalischen Vorarbeit sollen sie die für diesen Text wichtigsten Grammatikaspekte (z. B. *simple past, past progressive, passive voice*) auffällig auf ihrem Konzeptpapier als „Warnsignale“ festhalten. Erst dann beginnt das Ausarbeiten des Textes.

d) Kreativer Umgang mit der Fremdsprache

Hausaufgaben sollen einen Freiraum bieten für individuellen Transfer des Gelernten, für die eigenständige Hypothesenerprobung und mutigen Gebrauch der Fremdsprache. Der Lerner soll die Möglichkeiten und Grenzen seiner Sprachkompetenz ausloten und dabei auch **Freude finden am neugierigen, forschenden Umgang mit der Sprache**. Dies ist eine wesentliche Voraussetzung für eine positive Einstellung zur Fremdsprache und zum Sprachlernprozess, der Grundlage jeglichen erfolgreichen Spracherwerbs. Die Entwicklung eines „mutigen“ Umgangs mit der Fremdsprache und der Freude am (kontrollierten) sprachlichen Experiment ist ein Hauptkennzeichen des *“good language learner”* (vgl. M. Ehrmann / R. Oxford: *Cognition plus: correlates of language learning success,* S. 69).

Diese Funktion können Hausaufgaben nur dann erfüllen, wenn sie für den Lerner persönliche Relevanz aufweisen, wenn sie zur Identifikation mit der Aufgabe einladen und über das Ansprechen der Fantasie und der Lust am Spiel mit (amüsanten) inhaltlichen Möglichkeiten den Aspekt der sprachliche Übung in den Hintergrund treten lassen. Dies kann u. a. folgendermaßen realisiert werden:

- Die Schüler sollen zehn neu gelernte Wörter in einem Text anwenden, der drei Bedingungen erfüllen muss:
  - Er muss genau 80 Wörter umfassen.
  - Er muss eine Handlung aufweisen.
  - Die Handlung muss einen dramatischen Höhepunkt beinhalten.

Die zu Hause verfassten Texte werden im Klassenzimmer (anonym, nur mit einem vom Lehrer zuordnenbaren Kennwort oder Symbol) ausgehängt; nach einer Woche wird der originellste Text prämiert.

e) Hinführung zu Selbstständigkeit und eigenverantwortlichem Lernen

Hausaufgaben können – v. a. bei fortgeschrittenen Lernern – auch gelegentlich langfristig angelegt sein und Projektcharakter haben. Sie haben in diesem Fall die Funktion, den Lerner zum eigenverantwortlichen Umgang mit der **Zeitplanung**, dem Problem mit der **Informations- und Materialbeschaffung** und der erforderlichen **Tiefe der Problembeschäftigung** hinzuführen. Die Einsicht in die Notwendigkeit von Selbstdisziplin, Ausdauer, eigenständigem Bestimmen von Teilzielen, der Unterscheidung des Relevanten vom Irrelevanten ist ein willkommener (und erhoffter)

Nebeneffekt, der im späteren Berufsleben von entscheidender Bedeutung sein kann. Meist setzen diese Hausaufgaben die Vertrautheit mit aufgabenspezifischen Lern- und Arbeitstechniken voraus, die im Rahmen dieser langfristig angelegten Aufgaben immer mehr den individuellen Bedürfnissen und Vorlieben angepasst und routinierter verwendet werden sollen.

- In einer Klasse werden amerikanische Großstädte und ihre Probleme behandelt. Eine Gruppe von drei Schülern soll über zwei Wochen hinweg Informationen zum Thema *"youth gangs in L. A."* sammeln und austauschen. Am Ende dieses Zeitraums sollen sie ein Informationsposter erstellen und anhand des Posters und evtl. anderer Medien (z.B. Fernsehdokumentationen und DVD) ihre wichtigsten Erkenntnisse vorstellen.

  Die Schüler müssen im Rahmen dieser Hausaufgabe
  - Strategien der Informationsbeschaffung (z.B. Internetrecherche) entwickeln;
  - Teilaufgaben aufteilen und koordinieren;
  - einen Terminplan aufstellen;
  - Informationen inhaltlich und sprachlich auswerten und bzgl. ihrer Relevanz bewerten;
  - die notwendigen Hilfsmittel benützen (Lexika, Enzyklopädien, Almanachs etc.);
  - als Team Entscheidungen treffen, z.B. bzgl. des Layouts ihres Posters, der Art der mündlichen Präsentation etc.

All diese Aspekte sind wesentliche Qualifikationen im modernen Berufsleben, die durch projektorientierte Hausaufgaben angebahnt werden können.

f) Feedback für Lehrer und Schüler

Hausaufgaben, die es dem Lernenden erlauben, frei, kreativ und inhaltsorientiert mit neu erworbenen Sprachelementen umzugehen und dabei neues und altes Wissen zu kombinieren, bieten der Lehrkraft wertvolle Informationen zur Lernersprache und über ihr System richtiger und falscher Hypothesen. Die regelmäßige Auswertung von Hausaufgaben (insbesondere, wenn es sich dabei um freie Textproduktion handelt) ist daher der ergiebigste Ausgangspunkt einer individuellen Fehlertherapie für den einzelnen Lerner (der eine Fehlerkartei anlegen könnte). Die Ergebnisse der Hausaufgabenauswertung können aber auch für eine mit der gesamten Lernergruppe durchgeführte Fehleranalyse oder Bilanzierung von schwachen und starken Bereichen genutzt werden. Auf diese Weise ergeben sich aus der Analyse der Hausaufgabe **Orientierungshilfen für Übungsschwerpunkte und Wiederholungen**, d. h. für die Effektivierung der mittelfristigen Unterrichtsplanung.

In der Hausaufgabe kann der Lehrer aber auch Hinweise auf fehlende oder falsche Arbeits- und Lerntechniken erkennen (z. B. unreflektierte Verwendung des Wörterbuchs, falsche Planungsprozesse beim Schreiben, Lernen isolierter Wörter statt Wendungen und Kollokationen etc.). Er kann ausgehend von dieser Diagnose fehlende Techniken vermitteln oder falsch eingesetzte modifizieren helfen. Dieser Zugang zu Lern- und Arbeitstechniken der Schüler über die Hausaufgabe ist vor allem für diejenigen Lerner wichtig, die sich ihrer Probleme nicht bewusst sind oder sich scheuen, ihre Schwierigkeiten zur Sprache zu bringen.

3. Prinzipien sinnvoller Hausaufgaben

Hausaufgaben sind im Allgemeinen unbeliebt bei Schülern, denn sie stehen stets in Konkurrenz zur Freizeit mit ihren attraktiven Möglichkeiten. Hausaufgaben mögen aber auch deshalb so unbeliebt sein, weil viele Chancen, sie interessant und herausfordernd zu gestalten, nicht berücksichtigt werden. Die folgenden Prinzipien einer sich an menschlichen Grundmotivationen orientierenden Hausaufgabenpraxis sollen aufzeigen, wie das attraktive Potenzial von Hausaufgaben besser genutzt werden kann.

➜ Hausaufgaben und Unterricht müssen eine Einheit bilden.

Diese Einheit ist zunächst ganz banaler Natur: Motivierende Hausaufgaben setzen einen motivierenden Englischunterricht voraus, denn beides bildet auf der affektiven Ebene eine Einheit. Hat ein schematischer, monotoner Unterricht einmal eine negative Einstellung der Schüler zum Fach Englisch hervorgerufen, so wird zumeist auch die Attraktivität interessanter Hausaufgaben nicht mehr wahrgenommen oder zumindest nicht akzeptiert. Hausaufgaben werden von den Schülern stets auf den Unterricht und die Lehrperson bezogen. Sie haben für sie keinen Eigenwert, sondern erhalten ihre Bedeutung (solange sie einigermaßen sinnvoll sind) durch einen motivierenden Unterricht.
Hausaufgaben und Unterricht müssen aber auch insofern eine Einheit bilden, als Hausaufgaben konsequent aus dem Unterricht hervorgehen und in der Folgestunde ein sinnvoller Teil des Unterrichtsgeschehens sein sollten. Der Unterricht kann „Lust auf Hausaufgabe“ machen, wenn die Schüler wissen, dass die Hausaufgabe Grundlage interessanter, wenn möglich sogar amüsanter Aktivitäten in der Folgestunde ist. Werden Hausaufgaben mit dieser Erwartung im Kopf erledigt, so können sie tatsächlich „Lust auf Unterricht“ hervorrufen. Anstatt also Hausaufgaben lieblos und unreflektiert als Pflichtübung in der letzten Unterrichtsminute zu stellen, sollten sie Teil der Planung der Folgestunde sein und in ihrem Wert und ihrer Funktion für dieses Unterrichtsgeschehen erkennbar sein.

Ein Beispiel soll dieses Prinzip der Verknüpfung von Unterricht und Hausaufgabe verdeutlichen:

- Im Unterricht wurde ein Hörtext zum Thema *"The school party"* erarbeitet. Die Schüler werden für die Hausaufgabe in zwei Gruppen geteilt: Eine Gruppe soll eine möglichst attraktive Party-Einladung entwerfen und zu diesem Zweck auch möglichst viele themenspezifische Wörter reaktivieren bzw. im Lexikon nachschlagen. Die andere Gruppe beschäftigt sich in gleicher Weise mit dem Wortschatz, stellt aber eine Liste der Aspekte auf, die eine Party für sie selbst möglichst attraktiv machen.

In der Folgestunde bewegen sich die „Gastgeber“ der Party im Klassenzimmer herum und versuchen möglichst viele Mitglieder der anderen Gruppe für ihre Party zu begeistern. Sie halten die Namen ihrer Gäste auf einem Blatt Papier fest. Die potenziellen Partygäste sollen sich möglichst intensiv über die geplante Party erkundigen, um sicherzugehen, dass sie auch wirklich ihren Vorstellungen entspricht.
Während einer kurzen Feedbackphase im Anschluss an diese kommunikative Übung werden die Erfolge und Probleme der Gastgeber diskutiert.
Abschließend wird das von den Schülern reaktivierte bzw. eigenständig zu Hause erarbeitete thematische Vokabular gesammelt und an der Tafel oder auf einem großen Poster in Form eines Assoziogramms systematisiert.

→ Das Interesse der Lehrkraft an der Hausaufgabe muss deutlich erkennbar sein.

Hausaufgaben müssen von der Lehrkraft durch mehr als nur ein kleines Häkchen oder das Namenskürzel gewürdigt werden, denn Schüler investieren (aus ihrer Sicht) in die Erledigung der Hausaufgabe ihre kostbare Freizeit. Deshalb haben sie Interesse und Feedback statt mechanischer Kontrolle verdient.

Das sinnvollste Feedback erfolgt sicherlich durch die Integration der Hausaufgabe in den Unterricht. Sie könnte zur Vorbereitung oder als Ausgangspunkt z. B. von kommunikativen Aktivitäten dienen, da deren erfolgreiche Bewältigung zeigt, dass sich die häusliche Mühe gelohnt hat. Anerkennende Bemerkungen der Lehrkraft krönen das Erfolgserlebnis.

Interesse an der Hausaufgabe seitens der Lehrkraft zeigt sich aber auch in der Verdeutlichung ihrer jeweiligen Funktion und ihres spezifischen Nutzens. Im gemeinsamen Nachdenken über sinnvolle Hausaufgaben und ihre Zielsetzungen, über effektive Wege ihrer Erledigung und mögliche Probleme beteiligen sich die Schüler aktiv an der Gestaltung des Unterrichts bzw. der Hausaufgaben und erkennen das Interesse der Lehrkraft an ihrem häuslichen Engagement.

Die Lehrkraft muss auch deutlich machen – z. B. im Gespräch über angemessene Lern- und Arbeitstechniken – dass ihr daran gelegen ist, die Voraussetzungen für die erfolgreiche Erledigung von Hausaufgaben zu schaffen. Dadurch wird eine für dauerhafte Motivation unerlässliche positive Arbeitsatmosphäre geschaffen. Gleichzeitig kann das gemeinsame Nachdenken über Hausaufgaben die Selbstbeobachtung des Lerners, das Nachdenken über das eigene Lernen und damit das metakognitive Wissen fördern, das in der Hausaufgabe wiederum seine Anwendung findet – notwendige Schritte auf dem Weg zum bewussten und selbstständigen Lernen!

➜ Der Nutzen von Hausaufgaben muss erkennbar sein.

Hausaufgaben müssen sich für die Schüler „auszahlen“. Die Schüler sollten erkennen, dass Hausaufgaben zu einem Zuwachs an Wissen und Fertigkeit führen, der auch honoriert wird. Dies kann durch kurze (kriteriumsorientierte) Tests erfolgen, die den Schülern regelmäßig Rückmeldung darüber geben, wie viel Prozent der maximal möglichen Leistung sie erreicht haben. Werden solche Tests (z. B. im Anschluss an Wortschatzhausaufgaben öfters durchgeführt, so erhält der Schüler nicht nur Informationen über sein aktuelles (Wortschatz-)Wissen sondern auch darüber, ob (neu eingesetzte) Lerntechniken sich bewähren oder abgeändert werden müssen.

Hausaufgaben können aber auch nützlich sein „für das Leben“ und den außerschulischen Gebrauch der Fremdsprache. Sie sollten deshalb auch diejenigen fremdsprachlichen Aktivitäten aufgreifen, denen Schüler ohnehin ihre Zeit widmen, z. B. der Beschäftigung mit englischsprachigen Songs oder Musiksendungen.

- Schüler versuchen – nach der gemeinsamen Auswahl eines Songs – zu Hause den Wortschatz mithilfe des Lexikons zu erschließen, Anspielungen und szenespezifische Termini mittels kundiger Freunde oder via Internet zu klären oder – auf gleichem Wege – Informationen über die Band einzuholen. Die darauffolgende Unterrichtsstunde ist dem Erschließen, Verstehen und der interpretierend-wertenden Diskussion von Text und Musik gewidmet, wobei die Lehrkraft sich so weit wie möglich zurücknehmen sollte.

➜ Hausaufgaben sollten dem Bedürfnis der Selbstbestimmung und Eigenverantwortung entgegenkommen.

Selbstbestimmung impliziert die Möglichkeit der (Aus-)Wahl und der freien / freiwilligen Entscheidung. Dies kann sowohl die Auswahlmöglichkeit bei verschiedenen Aufgabenstellungen als auch die Gestaltungsfreiheit innerhalb einer Aufgabenstellung umfassen. Können Schüler bei Hausaufgaben wählen, so werden diese erheblich positiver beurteilt. Hier ist sicherlich von Bedeutung, dass durch die eigenständige Entscheidung eine Identifikation mit der Aufgabe bewirkt wird. Zudem bietet sich die Möglichkeit, die subjektiv „leichtere“ Aufgabe zu wählen. „Leicht“ heißt hier häufig, dass eine Aufgabe mehr den Stärken und (auch inhaltlichen) Neigungen eines Schülers entspricht als die Alternativen, und der Schüler deshalb mit mehr Selbstvertrauen und Zuversicht an sie herangeht. Ohne ein positives Selbstkonzept zu Hausaufgaben steht nur allzu oft die Planung von Vermeidungs- und Entschuldigungsstrategien im Vordergrund.

Haben die Schüler erst einmal ein breites Spektrum von Aufgabenstellungen kennengelernt, so kann die Lehrkraft – bei entsprechend positiver Einschätzung der Arbeitsdisziplin der Schüler – es den Lernern überlassen, die Aufgabenstellung entsprechend ihren Bedürfnissen selbst zu bestimmen. Dies erfordert (und fördert) einen kritischen Umgang mit dem eigenen Lernprozess, das Erkennen von Defiziten und Schwächen, das Wissen über die spezifischen Ziele bestimmter Aufgabenstellungen – wie auch das Feedback und die Beratung durch die Lehrkraft.

➜ Hausaufgaben sollten der natürlichen Neugierde von Kindern und Jugendlichen entgegenkommen.

Schüler wollen Probleme lösen, sich mit kniffligen Fragen beschäftigen, Neues entdecken. Bestehen Hausaufgaben lediglich aus mechanischen Aufgabentypen, so werden sie rasch mit Monotonie und „Beschäftigungstherapie“ gleichgesetzt. Hausaufgaben können und sollen aber auch auf die Suche schicken.

- Welche Texte lassen sich im Internet zu einem aktuellen Ereignis finden? Wie setzen sie dabei die Schwerpunkte? Über welche Teilaspekte berichtet das Fernsehen?

Auch die Familie oder Verwandte lassen sich in spielerischer Form in die Hausaufgabenerledigung integrieren:

- Jeder Schüler denkt sich eine kleine Geschichte aus, in die er fünf Wortfehler einbaut. Diese Geschichte erzählt er verschiedenen Familienmitgliedern. Ist ihr Englisch (noch) gut genug, um alle Wortfehler zu entdecken? In der Folgestunde berichtet jeder Schüler in der Gruppe oder nur seinem Nachbarn darüber.

Selbst englische Texte lassen sich für anregende Hausaufgaben verwenden, wenn sie so verändert wurden, dass ein Problem entsteht, welches es zu lösen gilt.

- Wie muss der folgende Text ergänzt werden, damit daraus der Originalwitz entsteht?

"John was complaining about the school curry. The cook has been making curry since before you were born, said his teacher. Maybe, replied John, but..."

(Sandy Ransford / Jane Eccles: *School Jokes.* London: Macmillan, 2000, p. 47)

4. Hausaufgabenvorschläge für die Praxis

4.1 Allgemeine Hinweise

Die Vorschläge versuchen die oben dargestellten Prinzipien einer sinnvollen Hausaufgabenpraxis konkret umzusetzen. Sie berücksichtigen dabei die folgenden wichtigen Parameter:

- Welche Lern- / Übungsziele können mit dieser Hausaufgabe erreicht werden?
- Welche sprachlichen und lerntechnischen Voraussetzungen müssen bei den Schülern vorhanden sein, um diese Hausaufgabe ohne unangemessene Schwierigkeiten erledigen zu können?
- Aus welcher Unterrichtseinheit kann / sollte diese Hausaufgabe sinnvollerweise hervorgehen?
- Welche Lerntechniken bzw. -strategien können mittels dieser Hausaufgabe gefördert werden?
- Welche Probleme können sich bei dieser Aufgabenstellung ergeben? Wie können sie vermieden oder reduziert werden?

Manche Hausaufgabenvorschläge beinhalten ein Arbeitsblatt, auf das mit dem Symbol  hingewiesen wird.

4.2 Hausaufgaben für den Wortschatzerwerb

Wortschatz muss verstanden, eingeprägt, systematisiert und angewendet werden. Das Verstehen ist – zumindest in den ersten Lernjahren – Teil der Vermittlungsarbeit im Unterricht, die allerdings auf die Hinführung zum selbstständigen Erschließen angelegt sein sollte. Einprägen, Systematisieren und Anwenden hingegen erfordern das Ineinandergreifen von Hausaufgabe und Unterricht. Da Wörter / Wendungen schnell und spontan abgerufen werden müssen, ist es notwendig, sie häufig und in möglichst anschaulichen Kontexten umzuwälzen. Um die häusliche Wortschatzarbeit nicht in demotivierendem Schematismus erstarren zu lassen, sollten Sie diese Hausaufgaben möglichst abwechslungsreich gestalten.

4.2.1 Hausaufgaben zum Einprägen von Wortschatz

Lernstufe	ab 1. Lernjahr
vorausgegangene Unterrichtsstunde	Sie haben die Wörter eingeführt und mittels einiger Übungen gesichert.
kognitive Voraussetzungen	Sie haben mit Ihren Schülern mehrmals im Unterricht Kreuzworträtsel und *"crazygrams"* bearbeitet, sodass die Schüler mit diesen spielerischen Formen vertraut sind.
Lernziele und Übungsziele	• Die Schüler prägen sich intensiv die Bedeutung der Wörter ein. • Die Schüler finden verschiedene Kontexte für die Wörter.
Hausaufgaben-stellung	Die Klasse wird in zwei gleich große Gruppen eingeteilt (bei ungerader Schülerzahl wird die Lehrkraft zum Partner eines Schülers). **Gruppe A** erhält ein leeres Kreuzworträtsel, in das die neuen Wörter passen. Die Schüler dieser Gruppe müssen die geeigneten Wörter den Leerzeichen des Kreuzworträtsels zuordnen, ohne sie einzufügen. Dann müssen sie zu jedem Wort einen passenden Satz schreiben, der das Finden des Worts ermöglicht, z. B. – einen beschreibenden Beispielsatz, der anstelle des Wortes eine Lücke oder xxx enthält (z. B. *Tom is really xxx – he doesn't even know his sister's name!*), – den Verweis auf das Gegenteil (z. B. *The opposite of xxx is "intelligent".*), – den Verweis auf ein (ungefähres) Synonym (z. B. *Sometimes people also say "daft".*) – Definitionen, Paraphrasierungen etc.

1. ______________________________
2. ______________________________
3. ______________________________
4. ______________________________
5. ______________________________
6. ______________________________
7. ______________________________

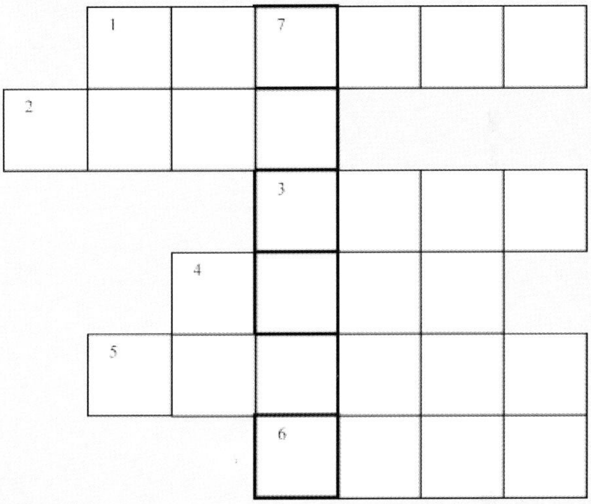

Gruppe B

Die Schüler dieser Gruppe entwerfen mit den neuen Wörtern einen langen Satz oder mehrere Sätze, z.B. *When Peter caught a glimpse of the gorgeous girl behind the counter, he immediately fell in love with her.*

Sie ersetzen dann die neuen Wörter und Wendungen durch deren Anfangsbuchstaben und die restlichen Wörter durch einen Strich und schreiben das Ergebnis als *"crazygram"* auf einen Zettel:

_ _ c _ g _ _ g _ _ _ c, _ i _ _ _ _ _.

darauffolgende Unterrichtsstunde	Die Gruppen tauschen ihre Hausaufgaben aus und füllen das Kreuzworträtsel aus bzw. entwerfen einen Satz / eine Satzfolge, die die Sätze von Gruppe B zu rekonstruieren versucht. Dabei ist die Verwendung der neuen Wörter obligatorisch, die Striche können durch beliebige andere Wörter ersetzt werden. Kontrolle und Feedback erfolgen mittels einer Folienkopie des Kreuzworträtsels über den OHP und über das Vorlesen der rekonstruierten Sätze.
mögliche Probleme	„Mir fällt nichts ein!" ➔ Vor allem schwächere Schüler werden durch die doppelte Herausforderung von (kreativer) inhaltlicher Gestaltung und Sprache gelegentlich überfordert. Ihnen kann man empfehlen, sich bei den Stimuli für das Kreuzworträtsel an den Kontextualisierungen des Vokabelverzeichnisses im Buch zu orientieren bzw. Sätze/Satzteile für das *"crazygram"* den Buchtexten zu entnehmen und leicht abzuwandeln.

Lernstufe	ab 1. Lernjahr
vorausgegangene Unterrichtsstunde	Sie haben die Wörter vermittelt und mit ihnen erste einfache Übungen durchgeführt. Die Schüler haben den Wortschatz auf Karteikarten festgehalten.
kognitive Voraussetzungen	Die Schüler sind es gewohnt, mit Wörtern / Wendungen aus dem Stegreif (einfache) Sätze zu bilden. Sie sind mit der Verwendung von Vokabelkarteikarten vertraut.
Lernziele und Übungsziele	• Die Schüler lernen, die neuen Wörter / Wendungen schnell abzurufen und in Sätzen anzuwenden. • Die Schüler lernen, dass das Einbetten von Wörtern / Wendungen in eigene, möglichst originelle Kontexte eine sinnvolle Lerntechnik für die Wortschatzspeicherung ist.

Hausaufgaben-stellung	Die Schüler prägen sich zu Hause die Wörter / Wendungen ein, indem sie von der deutschen Bedeutung (Rückseite der Karteikarte) ausgehend das englische Wort abrufen und sich dabei auch an die Schreibweise (auf einen Zettel schreiben) und an grammatikalische oder syntagmatische (Kollokationen etc.) Besonderheiten zu erinnern versuchen. Nach der Kontrolle (durch Blick auf die Vorderseite der Karteikarte) entwerfen sie mündlich (laut oder halblaut) zu jedem Wort zwei bis drei Sätze mit unterschiedlichem Satzbau.
darauffolgende Unterrichtsstunde	Die Schüler bringen ihre Karteikarten mit neuen Wörtern mit in den Unterricht. Sie mischen ihre Karteikarten mit denen ihres Banknachbarn und legen sie mit der deutschen Bedeutung nach oben auf die Bank. Dann hebt ein Partner die oberste Karteikarte hoch, ruft das englische Wort ab – der Partner signalisiert Zustimmung bzw. verbessert bei Fehlern – legt diese Karteikarte beiseite und entwirft mit diesem Wort einen Satz, der den Anfangssatz einer (skurrilen, phantastischen oder auch alltäglichen) Geschichte darstellt. Der Partner wendet bei der nächsten Karteikarte das gleiche Verfahren an und versucht mit seinem Satz die Geschichte fortzusetzen. Dieses Wechselspiel wird fortgesetzt, bis der Stapel Karteikarten abgebaut ist.
mögliche Probleme	„Mir fällt nichts ein!" ➜ Die Schüler können sich anfänglich an den Wortkontexten orientieren, die sie in ihren Schulbuchtexten, in den Vokabelverzeichnissen oder auch in einfachen *learner dictionaries* finden. Machen Sie aber Ihren Schülern klar, dass sich eigene Sätze erheblich leichter einprägen und dass Schnelligkeit und Einfallsreichtum bei der Satzerstellung auch eine Frage von Routine und Bemühen sind.

Lernstufe	ab 1. Lernjahr
vorausgegangene Unterrichtsstunde	Sie haben die Wörter vermittelt und durch einige einfache Übungen gesichert. Die Schüler haben die Wörter auf Karteikarten festgehalten.
kognitive Voraussetzungen	Sie haben dieses Verfahren bereits mehrmals im Unterricht verwendet, sodass die Schüler damit vertraut sind.
Lernziele und Übungsziele	• Die Schüler lernen die Wörter spontan in Kontexten als Reaktion auf eine Situation bzw. eine kommunikative Äußerung anzuwenden. • Die Schüler lernen, dass das Verbinden von Wörtern mit anschaulich vorgestellten Situationen eine sinnvolle Wörterlerntechnik ist.
Hausaufgaben-stellung	Die Schüler rufen zunächst anhand ihrer Karteikarten ausgehend von der deutschen Übersetzung das englische Wort ab. Dann stellen sie sich möglichst plastisch eine Situation vor, in der das Wort eine Rolle spielen und verwendet werden könnte. Soll z.B. das Wort *"disgusting"* gelernt werden, so stellt sich der Schüler vor, dass er mittags nach Hause kommt und ihm aus der Küche der penetrante Geruch des verhassten Gemüseeintopfs entgegenschlägt. Dazu formuliert er: *"This smells disgusting!"*
darauffolgende Unterrichtsstunde	Es arbeiten jeweils zwei Schüler zusammen. Jeder Partner hat seinen Stapel Karteikarten vor sich liegen. Abwechselnd rufen die Partner durch Fragen, Beschreibungen etc. eine kommunikative Reaktion des anderen hervor, die das relevante Wort enthalten sollte, z.B. A: *What do you think of spaghetti with jam and mustard?* B: *This is disgusting.*
mögliche Probleme	Nicht alle Wörter eignen sich für dieses Verfahren! ➜ Wählen Sie daher die Wörter sorgfältig aus, bevor die Schüler zu Hause verzweifeln. Schüler, die für einzelne Wörter keine Situationen gefunden haben, dürfen anfangs kurz bei Mitschülern (nicht beim Partner) sich Anregungen holen (nur Situationsschilderungen, nicht die sprachliche Endfassung).

Lernstufe	ab 1. Lernjahr
vorausgegangene Unterrichtsstunde	Sie haben die Wörter vermittelt und einige Übungen zur Sicherung durchgeführt. Das Verfahren ist auch zur Wiederholung bestimmter Wortgruppen geeignet (Verben, Gefühle, Tiere, Transportmittel etc.).
kognitive Voraussetzungen	Das Verfahren sollte den Schülern durch die Lehrerdemonstration bei der Wortschatzklärung vertraut sein. Es ist weniger geeignet für sehr introvertierte, zurückhaltende Schüler, die den Einsatz von Körpersprache scheuen.
Lernziele und Übungsziele	• Die Schüler sollen sich daran gewöhnen, Situationen mit englischen Wörtern und Wendungen zu verknüpfen und diese möglichst schnell abzurufen. • Den Schülern soll bewusst werden, dass das Umsetzen von Wörtern in Körpersprache eine wichtige Vokabellerntechnik und in authentischen Kommunikationssituationen oft unentbehrlich ist.
Hausaufgabenstellung	Die Schüler rufen, ausgehend von der deutschen Übersetzung (auf Karteikarten, einem Zettel etc.), das englische Wort ab und setzen es in Körpersprache um (Mimik, Bewegung), wobei sie verschiedene Möglichkeiten erproben sollten. Die dadurch veranschaulichte Situation sollte gleichzeitig durch einen passenden Satz wiedergegeben werden (z. B. *"to drop"*: Entsetzter Gesichtsausdruck und erschüttertes Hände-vor-das-Gesicht-schlagen: *"Oh no, I dropped the glass with the goldfish!"*
darauffolgende Unterrichtsstunde	Die Schüler arbeiten mit einem Partner zusammen. Abwechselnd veranschaulichen sie das gewählte Wort mittels Körpersprache, der Partner muss zuerst das Wort und, sofern eine konkrete Handlung dargestellt wird, auch das Geschehen erraten und auf Englisch wiedergeben.
mögliche Probleme	Das Verfahren kann undisziplinierte oder temperamentvolle Klassen zu heftigen Übertreibungen veranlassen. ➔ Weisen Sie auf die Notwendigkeit von diszipliniertem Verhalten hin und legen Sie akustisch (durch Händeklatschen, einen Gong etc.) die Zeiteinheiten für die „Inszenierung" der einzelnen Wörter fest.

Lernstufe	1./2. Lernjahr
vorausgegangene Unterrichtsstunde	Sie haben die Wörter vermittelt und den dazugehörenden Text besprochen.
kognitive Voraussetzungen	Die Schüler müssen mit Nachschlagetechniken (alphabetisches Wortregister des Lehrbuchs, Lexikon) vertraut sein. Sie sollten es außerdem gewohnt sein, im Unterricht kürzere Texte relativ flüssig zu schreiben.
Lernziele und Übungsziele	Die Schüler lernen, Wörter zu Alltagssituationen schnell abzurufen und im Kontext anzuwenden.
Hausaufgaben-stellung	Ändern Sie die Geschichte des Lehrbuchtextes etwas ab, indem Sie einige der Bilder des Lehrbuchs, die diese Geschichte illustrieren, mit anderen Bildern des gleichen Buchs oder anderer Lehrbücher kombinieren. Fotokopieren Sie die Bilder, setzen Sie sie zu einer Bilderfolge zusammen und erstellen Sie daraus ein Arbeitsblatt (s. S. 29). Die Schüler sollen zu Hause möglichst viele Wörter abrufen bzw. nachschlagen, die zur dargestellten Handlung passen, sie um die Bilder herum auf das Arbeitsblatt schreiben und – soweit möglich – durch Pfeile mit den Referenzobjekten verbinden.
darauffolgende Unterrichtsstunde	Die Schüler tauschen ihr Arbeitsblatt mit dem Banknachbarn und schreiben mithilfe der von ihrem Partner auf dem Blatt festgehaltenen Wörter die in den Bildern dargestellte Geschichte. Nachfragen beim Partner wegen unbekannter Wörter oder anderer Probleme ist erwünscht.
mögliche Probleme	Schüler der 5. und 6. Klasse haben sehr unterschiedliche Schreibgeschwindigkeiten. ➜ Legen Sie einen Zeitrahmen fest, der die langsameren Schüler zu einigermaßen flüssigem Schreiben veranlasst, ohne bei ihnen Panik auszulösen, und stellen Sie für die schnelleren Schüler einfache Lektüren oder Sprachzeitschriften zum attraktiven Füllen der Wartezeit zur Verfügung.

Homework

First look at the pictures and try to find many words for the situation, the people and what they are doing. Write down the words close to what they refer to and draw lines. At school you will write a story about the pictures.

Lernstufe	1. und 2. Lernjahr
vorausgegangene Unterrichtsstunde	Sie haben die Wörter vermittelt und durch einige Übungen gesichert.
kognitive Voraussetzungen	Die Schüler müssen mit dem Schreiben freier Texte und mit dem Nachschlagen von Wörtern im Lexikon vertraut sein.
Lernziele und Übungsziele	Die Schüler sollen die Wörter in sinnvollen Kontexten anwenden.
Hausaufgaben-stellung	Erstellen Sie ein Arbeitsblatt, das aus dem Umriss eines Tiers, Fahrzeugs, Gebäudes etc. besteht. Verteilen Sie auf die Umrisslinie die Wörter, die angewendet werden sollen. Die Schüler müssen auf der Umrisslinie mit dem vorgegebenen Vokabular einen zusammenhängenden Text verfassen, indem sie die Lücken zwischen den Wörtern durch passende Textteile ausfüllen (dabei ist das Nachschlagen von zusätzlichen Wörtern im Lexikon durchaus erwünscht). Die englische Bezeichnung des Tiers, Fahrzeugs, Gebäudes etc. muss ebenfalls in den Text integriert werden (S. 31).
darauffolgende Unterrichtsstunde	Die Schüler tauschen ihre Arbeitsblätter mit einem Partner und korrigieren sich gegenseitig. Einige Textbeispiele können laut vorgelesen oder am Pinboard ausgehängt werden.
mögliche Probleme	Die Schüler kommen mit Leerstellen zwischen den Wörtern räumlich nicht zurecht. ➜ Zeigen Sie Schülern bei Schreibaufgaben während des Unterrichts, wie Sätze durch Adjektive, Adverbien, Relativsätze etc. erweitert und durch das Weglassen dieser Elemente verkürzt werden können.

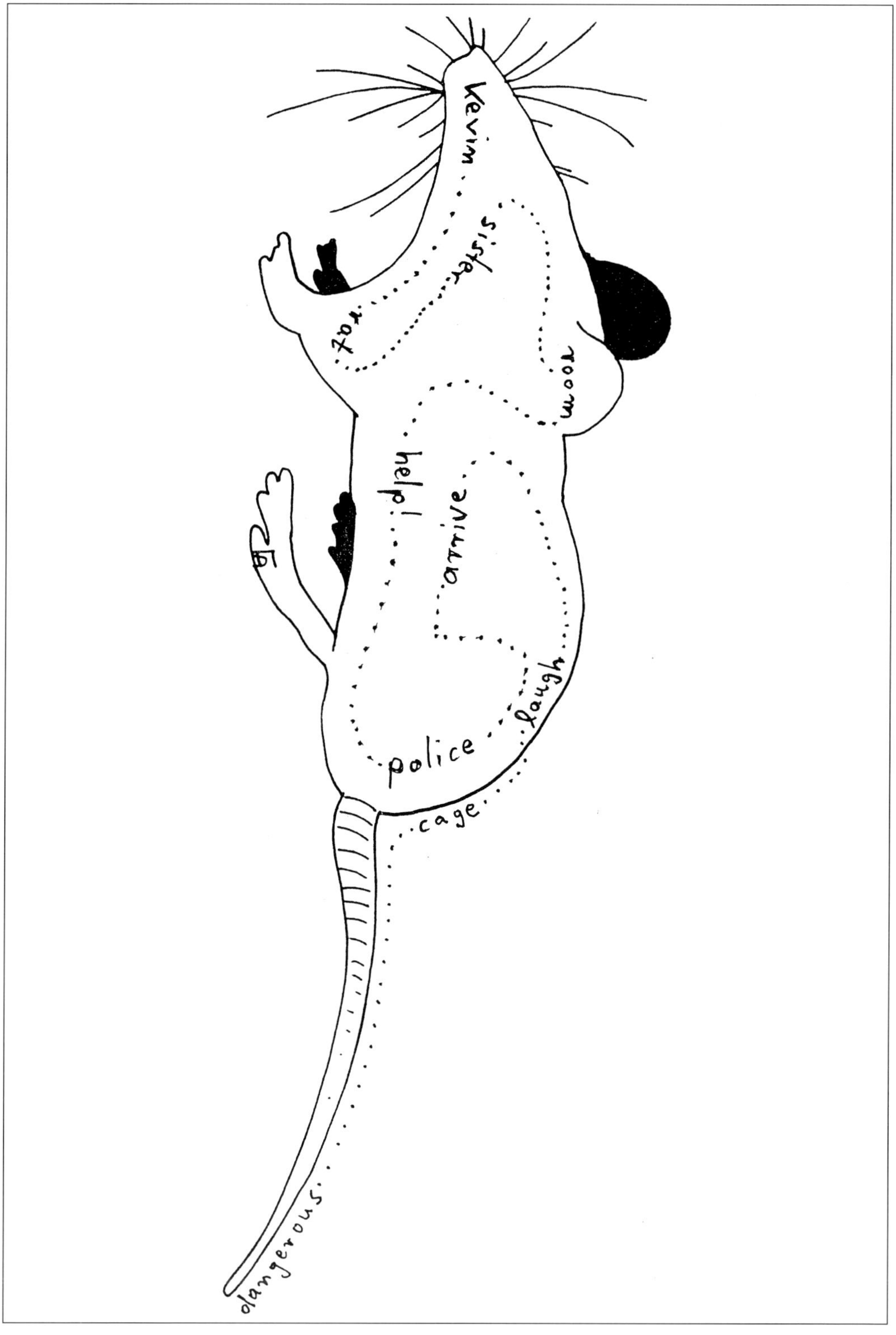
Kevin
sister
rat
room
help!
arrive
laugh
police
cage
dangerous

Lernstufe	ab 1. Lernjahr
vorausgegangene Unterrichtsstunde	Sie haben die Wörter vermittelt und durch einige Übungen gesichert.
kognitive Voraussetzungen	Die Schüler sind daran gewöhnt, Wortbedeutungen aus Sätzen zu erschließen.
Lernziele und Übungsziele	• Die Schüler sollen lernen, Wörter vielseitig zu kontextualisieren. • Sie sollen auch lernen, Wortbedeutungen schnell aus dem Kontext zu erraten.
Hausaufgabenstellung	Jeder Schüler wählt aus dem vermittelten Wortschatz zwei Wörter oder Wendungen aus. Jedes Wort verwendet er schriftlich in vier verschiedenen Sätzen, ersetzt es dabei jedoch durch das nonsense word *“woggle”* bzw. die entsprechende Form (z. B. *woggled, woggling etc.*).
darauffolgende Unterrichtsstunde	Die Schüler bilden Vierergruppen. Ein Schüler nach dem anderen liest seine Sätze vor, die anderen müssen das Wort erraten, das durch *“woggle”* ersetzt wurde.
mögliche Probleme	„Mir fallen keine Beispiele ein!“ ➔ Verweisen Sie diese Schüler auf die Beispielsätze in den *learner's dictionaries*, die abgeändert übernommen werden könnten. Die Sätze aus den Lehrbuchtexten sollten tabu sein, da sonst die Wörter zu leicht erraten werden.

4.2.2 Hausaufgaben zum Üben von Kollokationen/ Wortkombinationen

Wir verwenden Sprache nur selten in Form von Einzelwörtern. Meist gebrauchen wir Wortkombinationen, die wir dann häufig zu Sätzen zusammenbauen. Viele dieser Wortkombinationen sind weitgehend frei kombinierbar (z. B. *to be a fast / slow / successful... runner*). Manche Kombinationen sind in bestimmten Kontexten oder Situationen sprachlicher Usus geworden und werden erwartet (z. B. *sunny spells* bei der Wettervorhersage). Gefährlich sind Kombinationen, die bei der wortwörtlichen Übertragung vom Deutschen ins Englische eine andere Bedeutung erhalten oder nicht verständlich sind (z. B. *to give s. o. a blue* eye* anstelle von *a black eye*). Schließlich gibt es Kombinationen, die nicht variierbar sind wie z. B. *to commit suicide* oder das weite Feld der *idioms*.

Das Beherrschen der richtigen Wortkombinationen ist entscheidend für den Eindruck flüssigen und situationsangemessenen Sprechens sowie für eine Kommunikation, die nicht durch Missverständnisse behindert werden soll. Daher müssen die gängigen Wortkombinationen in Unterricht und Hausaufgabe intensiv geübt und regelmäßig wiederholt werden.

Lernstufe	ab 1. Lernjahr
vorausgegangene Unterrichtsstunde	Es wurde eine Einheit im Lehrbuch abgeschlossen. Daraus sollen jetzt bestimmte sprachliche Elemente wiederholt werden.
kognitive Voraussetzungen	Die Schüler sollten mit dem selbstständigen Lesen und Auswerten behandelter Texte vertraut sein.
Lernziele und Übungsziele	Die Schüler sollen Wortkombinationen als solche wahrnehmen, sich ihrer Bedeutung bewusst werden, sie sich einprägen und in einfachen Kontexten anwenden.
Hausaufgabenstellung	Die Schüler lesen die Texte der behandelten Lehrbucheinheit und achten dabei besonders auf die Wortkombinationen, die vom Deutschen abweichen (z. B. *to take a shower, to get on the bus*). Sie wählen aus diesen Kombinationen sechs aus und schreiben jeweils ein Wort jeder Kombination in 10 cm großer Schrift auf ein Blatt Papier.
darauffolgende Unterrichtsstunde	Die Schüler heften nacheinander ihre Wortkarten an die Tafel. Nach jeder Wortkarte muss die Klasse die vollständige(n) Wortkombination(en) – meist sind mehrere mit unterschiedlicher Bedeutung möglich – liefern und die Kombination(en) in einem Satz verwenden. Das Verfahren kann auch als Wettbewerb zwischen den beiden Klassenhälften durchgeführt werden.
mögliche Probleme	Schüler verzweifeln anhand der großen Zahl der vorhandenen Wortkombinationen. ➜ Machen Sie bei den Textbehandlungen die Schüler auf die problematischen (d. h. besonders häufigen und nicht ohne weiteres aus dem Deutschen übertragen) Wortkombinationen aufmerksam. So lenken Sie den Blick v. a. der schwächeren Schüler auf eine begrenzte Zahl von Kombinationen, die im Gedächtnis geblieben sind.

Lernstufe	ab 2. Lernjahr
vorausgegangene Unterrichtsstunde	Die Hausaufgabe ist unabhängig vom vorausgegangenen Unterricht.
kognitive Voraussetzungen	Die Schüler sollten im Umgang mit dem Wörterbuch geübt sein.
Lernziele und Übungsziele	Die Schüler prägen sich wichtige Wortkombinationen ein und wenden sie im Kontext an.
Hausaufgaben-stellung	Die Schüler erinnern sich zu Hause an fünf komplexere Wortkombinationen, die sie im Englischunterricht der vergangenen Wochen kennengelernt haben (z. B. *to give someone a black eye*) und überprüfen im Lexikon, ob sie diese noch richtig im Gedächtnis haben. Sie überlegen, wie sie die Bedeutung dieser Wortkombination pantomimisch (evtl. ergänzt durch Geräusche) vermitteln können.
darauffolgende Unterrichtsstunde	Die Schüler schreiben die Anfangsbuchstaben der Einzelwörter ihrer Wortkombination an die Tafel / auf den OHP und vermitteln pantomimisch die Bedeutung. Die restlichen Schüler versuchen, die Kombination zu erraten.
mögliche Probleme	Die Wortkombination wird nicht erraten, die Klasse resigniert. ➜ Legen Sie fest, dass nach zwei- oder dreimaligem falschen Raten jeweils ein Wort vervollständigt wird. Sind die nächsten Rateversuche ebenfalls vergeblich, wird das nächste Wort vervollständigt.

Lernstufe	ab 2. Lernjahr
vorausgegangene Unterrichtsstunde	Diese Hausaufgabe ist unabhängig vom vorangegangenen Unterricht.
kognitive Voraussetzungen	Die Schüler sollten im Umgang mit dem Lexikon geübt sein.
Lernziele und Übungsziele	Die Schüler prägen sich Wortkombinationen ein und erkennen den Wert systematischer Übersichten.
Hausaufgabenstellung	Jeder Schüler erhält ein Arbeitsblatt (s. S. 36) mit einer Präposition als Zentrum eines von ihm zu erstellenden *word web*. Je nach Klassengröße erhalten zwei bis vier Schüler ein Arbeitsblatt mit der gleichen Präposition. Die Schüler versuchen möglichst viele verschiedene Kombinationsmöglichkeiten mit dieser Präposition zu finden, und überprüfen deren Richtigkeit im Lexikon. Sie erstellen anschließend schriftlich möglichst abwechslungsreiche Beispielsätze zu diesen Kombinationen.
darauffolgende Unterrichtsstunde	Die Schüler, die die gleiche Präposition erarbeitet haben, besprechen in der Gruppe ihre Ergebnisse. Dann erstellen sie auf einem neuen Arbeitsblatt des gleichen Typs als Resultat ihres Vergleichs gemeinsam ein möglichst umfangreiches *web* mit den besten Beispielsätzen der Gruppenmitglieder. Bei Unsicherheit sollten sie die Lehrkraft konsultieren. Diese Arbeitsblätter werden eingesammelt – zu unübersichtlich erarbeitete müssen von den Verfassern erneut angefertigt werden – für alle Schüler fotokopiert, geheftet und als Nachschlagemappe bei Problemen mit Präpositionen verwendet.
mögliche Probleme	Die Schüler nehmen die Hausaufgabe nicht ernst und erledigen sie ohne die nötige Sorgfalt. ➔ Machen Sie von Anfang an klar, dass die Arbeitsblätter Lernunterlagen für alle Schüler sein werden und nachlässig erstellte Produkte deshalb nicht akzeptiert werden.

Prepositions –
and what you can do with them

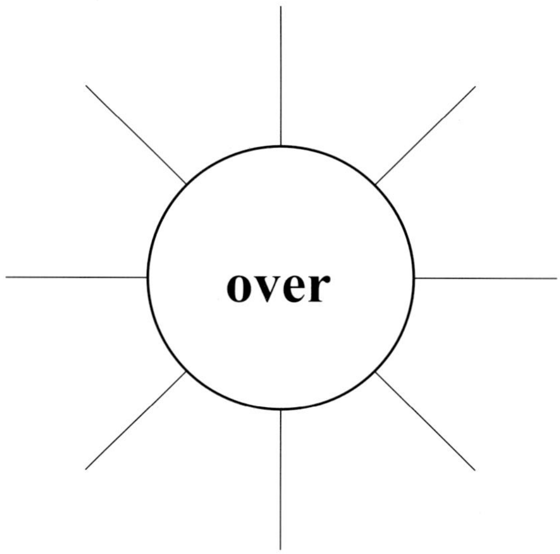

1. ______________________________

2. ______________________________

3. ______________________________

4. ______________________________

5. ______________________________

6. ______________________________

7. ______________________________

8. ______________________________

Lernstufe	ab 4. Lernjahr
vorausgegangene Unterrichtsstunde	Diese Hausaufgabe ist unabhängig vom vorangegangenen Unterricht. Sie kann dazu beitragen, Diskussionen aktueller Themen im Unterricht lexikalisch vorzubereiten.
kognitive Voraussetzungen	Die Schüler sollten im Umgang mit authentischen Texten und in deren sprachlicher Auswertung geübt sein. Sie sollten Routine besitzen im Erschließen unbekannter Wörter und im Gebrauch des Lexikons.
Lernziele und Übungsziele	• Die Schüler erwerben die Kenntnis neuer Wortkombinationen. • Die Schüler erwerben sich Routine in der Auswertung von Texten und im Umgang mit dem Lexikon.
Hausaufgabenstellung	Die Schüler wählen eigenständig einen für sie interessanten authentischen Text (z.B. Internet-Texte, Fernsehnachrichten etc.), halten Wortkombinationen fest, die ihnen wichtig und ungewöhnlich erscheinen, und überprüfen deren Bedeutung mithilfe des Lexikons.
darauffolgende Unterrichtsstunde	Die Lehrkraft fragt nach den Themenbereichen, zu denen Texte ausgewertet wurden und schreibt jeden Themenbereich als Schlagwort in die Mitte eines Papierbogens, der mindestens Postergröße haben sollte. Die Schüler schreiben ihre Wortkombinationen in großer Schrift als *web* auf das ihrem Thema entsprechende Wortposter und fügen mit Bleistift in kleiner Schrift die deutsche Übersetzung hinzu. Diese Poster werden an der Wand befestigt und dienen einige Wochen lang als „Anlaufstelle“ bei Diskussionen oder bei schriftlicher Textproduktion.
mögliche Probleme	Die Schüler werden durch authentische (Hör-)Texte überfordert. ➜ Schulen Sie vom 1. Lehrjahr an den Umgang mit schweren, die Schüler leicht überfordernden (Hör-)Texten. Vermitteln Sie den Schülern die notwendigen Erschließungsstrategien und die Sicherheit, dass ein Text auch dann verstanden werden kann, wenn nicht alle Wörter bekannt sind.

4.2.3 Hausaufgaben zur Systematisierung von Wortschatz

Wenn Wortschatz in einer (Gesprächs-)Situation schnell zur Verfügung stehen soll, dann muss er im Gedächtnis strukturiert gespeichert sein. Da im Englischunterricht kontinuierlich neuer Wortschatz erworben wird, muss diese Struktur immer wieder ergänzt und angepasst werden; die neuen Wörter müssen an geeigneten Stellen mit den bereits vorhandenen Wörternetzen verknüpft werden. Aus diesem Grund sind regelmäßige Systematisierungsübungen notwendig, durch die neuer und alter Wortschatz nach unterschiedlichen Organisationsprinzipien (z. B. Gegensatzpaare, thematische Felder, persönliche Interessen) miteinander verknüpft werden können.

Lernstufe	ab 1. Lernjahr
vorausgegangene Unterrichtsstunde	Diese Hausaufgabe ist unabhängig vom vorangegangenen Unterricht.
kognitive Voraussetzungen	Die Schüler müssen in der Lage sein, den bisherigen Wortschatz in Gegensatzpaare oder in komplementäre Paare zu strukturieren.
Lernziele und Übungsziele	Die Schüler sollen lernen, Wörter möglichst schnell abzurufen.
Hausaufgabenstellung	Die Schüler suchen möglichst viele Wortpaare (z. B. *brother-sister, beautiful-ugly, slow-fast, sun-moon* etc.) und notieren sie auf einem Blatt Papier.
darauffolgende Unterrichtsstunde	Die Klasse wird in zwei Hälften geteilt. Ein Schüler aus einer Hälfte ruft ein Wort eines Wortpaares. Gelingt es der anderen Klassenhälfte innerhalb von zwei Sekunden, eine akzeptable Ergänzung zu finden, darf sie die andere Gruppe mit dem nächsten Wortpaar herausfordern. Schafft sie es nicht, darf der Herausforderer erneut einen Teil eines anderen Wortpaares ausrufen.
mögliche Probleme	Uneinigkeit bzgl. der Akzeptabilität eines Wortes kann zu Streitereien und undiszipliniertem Verhalten führen. ➜ Machen Sie zu Beginn klar, dass Sie als Schiedsrichter fungieren und – wie beim Fußball – ihre Entscheidungen zu akzeptieren sind.

Lernstufe	ab 1. Lernjahr (je nach thematischem Bereich)
vorausgegangene Unterrichtsstunde	Sie haben mit den Schülern geübt, Gegenstände etc. möglichst umfassend in der Fremdsprache zu benennen (z. B. Bildbeschreibung, Beschreibung des Klassenzimmers etc.).
kognitive Voraussetzungen	Die Schüler müssen es gewöhnt sein, englischen Wortschatz aufgrund visueller Stimuli spontan abzurufen.
Lernziele und Übungsziele	Die Schüler sollen zu bestimmten Situationen den spezifischen Wortschatz abrufen und in einfachen Kontexten anwenden können.
Hausaufgaben-stellung	Die Schüler betrachten zu Hause ein Zimmer, das Straßengeschehen, das Standbild eines Videofilms, eine Werbeseite einer Zeitschrift etc. Sie notieren alle englischen Wörter, die für eine Beschreibung des Wahrgenommenen und ihrer Assoziationen, die die Situation / Szene auslöst, notwendig sind.
darauffolgende Unterrichtsstunde	Die Schüler schildern (im Wechsel) ihrem Nachbarn ihre Beobachtungen und ihre Assoziationen und verwenden dabei die notierten Wörter als Gedächtnisstütze.
mögliche Probleme	Flüssiges Formulieren bereitet vielen Schülern Probleme. ➔ Machen Sie den Schülern klar, dass auch *native speakers* mit freiem Sprechen gelegentlich Probleme haben und peinliche Pausen mit *„well", „I mean"* etc. füllen – diese sog. *hesitation phenomena* sollten auch Schüler verwenden, um den psychischen Druck des flüssigen Sprechens zu verringern.

Lernstufe	ab 1. Lernjahr
vorausgegangene Unterrichtsstunde	Sie haben ein Thema (z. B. *spare time activies, holidays, life in an English town*) abgeschlossen und möchten jetzt den Wortschatz wiederholen.
kognitive Voraussetzungen	Die Schüler müssen mit dem zweisprachigen Wörterbuch vertraut sein. Sie müssen es gewohnt sein, Bildinhalte aus dem Gedächtnis abzurufen und in der Fremdsprache zu verbalisieren.
Lernziele und Übungsziele	Die Schüler sollen zu einer Situation möglichst viel Wortschatz abrufen und vernetzen.
Hausaufgaben-stellung	Teilen Sie die Klasse in zwei Hälften und geben Sie jeder Hälfte ein anderes Bild, das eine möglichst bewegte und vielfältige Szene zeigt (z. B. *At the market, At the youth centre*). Passendes Bildmaterial finden Sie in Lehrbüchern, in *Picture dictionaries for young learners*, in Folienbeilagen von Fachzeitschriften etc. Die Schüler sollen zu Hause das Bild mündlich beschreiben und dazu möglichst viel Vokabular reaktivieren, auch vergessene (oder noch nicht erworbene) Wörter im Lexikon nachschlagen. Sie können (einige) Wörter auf dem Bild schriftlich festhalten.
darauffolgende Unterrichtsstunde	Jeder Schüler sucht sich einen Partner aus der anderen Klassenhälfte und tauscht mit ihm das Bild. Dann beschreibt jeder das Bild, das er zu Hause vorbereitet hat. Der Partner verbessert (inhaltliche) Fehler und fragt nach Details, die ihn interessieren oder die sein Partner vergessen hat.
mögliche Probleme	Manche Schüler arbeiten höchst ökonomisch: Sie beschreiben das Bild in Form einer bloßen Auflistung (*There is a ... and a ... and ...*). ➔ Legen Sie fest, dass mindestens zehn Sätze in mindestens drei verschiedenen Satzbauformen formuliert werden müssen. Stellen Sie die syntaktischen Muster auf Folie oder an der Tafel zur Verfügung und kontrollieren Sie die Einhaltung der Vereinbarung, indem Sie herumgehen und möglichst vielen Paaren zuhören.

Lernstufe	ab 2. Lernjahr
vorausgegangene Unterrichtsstunde	Diese Hausaufgabe ist unabhängig vom vorangegangenen Unterricht. Sie ist gut geeignet, um Diskussionen über von Schülern vorgeschlagene Themen vorzubereiten.
kognitive Voraussetzungen	Die Schüler sollten bereits mehrmals im Unterricht Assoziogramme angefertigt haben und mit diesem Verfahren vertraut sein.
Lernziele und Übungsziele	Die Schüler sollen zu einem Thema möglichst viele Wörter und Wendungen abrufen und so besser vernetzen.
Hausaufgabenstellung	Die Schüler wählen ein Schlagwort, das zum vorgesehenen Diskussionsthema passt, und schreiben es in die Mitte eines DIN-A4-Blattes. Um diesen Begriff herum erstellen sie ein Assoziogramm, d. h. ein Netz von Wörtern, die ihnen spontan zu diesem Thema einfallen, und ordnen diese Wörter so an, dass die Beziehungen zwischen den Wörtern durch Pfeile etc. deutlich werden.
darauffolgende Unterrichtsstunde	Die Schüler erklären ihrem Nachbarn ihr Assoziogramm, indem sie erläutern, warum sie diese Wörter gewählt haben und warum sie in dieser Form angeordnet sind. Anschließend erfolgt die vorgesehene Diskussion im Plenum.
mögliche Probleme	Assoziogramme können manchmal sehr „persönliche“ Beziehungen zwischen den Wörtern aufweisen, die die Schüler im Unterricht nicht unbedingt preisgeben möchten. ➔ Machen Sie Ihren Schülern klar, dass ein Verweigern des Erklärens in diesem Fall akzeptabel ist.

Lernstufe	ab 2. Lernjahr
vorausgegangene Unterrichtsstunde	Sie haben einen Text zu einem bestimmten Thema behandelt oder eine Unterrichtssequenz mit mehreren themenspezifischen Texten abgeschlossen.
kognitive Voraussetzungen	Die Schüler sollten mit dem Erstellen von Assoziogrammen vertraut sein und Übung im freien Formulieren haben.
Lernziele und Übungsziele	Die Schüler sollen ihr themenspezifisches Vokabular abrufen, besser vernetzen und anwenden. Das Vokabular zu diesem Thema soll möglichst umfassend ins Gedächtnis zurückgerufen werden.
Hausaufgabenstellung	Die Lehrkraft legt ein Schlagwort fest, zu dem alle Schüler zu Hause ein Assoziogramm auf einem DIN-A4-Blatt erstellen. Sie sollen dabei bewusst viele themenspezifische Wörter abrufen und sinnvolle Beziehungen zwischen ihnen herstellen.
darauffolgende Unterrichtsstunde	Die Lehrkraft schreibt das festgelegte Schlagwort an die Tafel. Die Schüler fügen ihre Wörter an passender Stelle hinzu und erläutern ihre Wahl von Wort und Anknüpfungsstelle. Ist das Assoziogramm vollständig, wählt die Lehrkraft ein Wort aus und formuliert damit den Anfangssatz einer Geschichte: Die Schüler setzen die Geschichte fort, indem jeder ein Wort des Assoziogramms in einen Folgesatz einbaut. Auf diese Weise „verbrauchte" Wörter werden weggewischt.
mögliche Probleme	Geschichtenerzählen im Stegreif (und noch dazu in der Fremdsprache) ist schwierig. ➜ Drängen Sie nicht und akzeptieren Sie längere Pausen des Überlegens und Zögerns.

Lernstufe	ab 2. Lernjahr
vorausgegangene Unterrichtsstunde	Sie haben einen Text zu einem bestimmten Thema behandelt.
kognitive Voraussetzungen	Die Schüler müssen in der Lage sein, Wörter im Lexikon nachzuschlagen und Vorlieben in der Fremdsprache zu begründen.
Lernziele und Übungsziele	Die Schüler sollen Wortschatz zu einem spezifischen Thema abrufen, systematisieren und anwenden.
Hausaufgabenstellung	Die Schüler erhalten zu ihrem Thema ein Arbeitsblatt (s. S. 44 / 45) mit einem Raster, das sie ausfüllen sollen. Sie sollen dabei Kurzinformationen zu ihren Vorlieben (je nach Thema: Wunschstundenplan in der Schule, Traumurlaub, Lieblingsfilmstars etc.) in Stichworten festhalten. Fehlende Wörter werden im Lexikon nachgeschlagen.
darauffolgende Unterrichtsstunde	Die Schüler setzen sich in Vierergruppen zusammen und stellen gegenseitig ihren Traumurlaub etc. vor. Dabei müssen sie ihre Vorlieben begründen (Warum z. B. Übernachtung im Zelt?) und auf Nachfragen eingehen (Warum wildes Camping statt Zeltplatz?)
mögliche Probleme	• „Mir fällt nichts ein!“ ➜ Ermuntern Sie die Schüler, wenn nötig Ideen bei Freunden und Familienmitgliedern zu sammeln. • In einigen Gruppen wird der Informationsaustausch nicht ernst genommen und versandet zusehends in Albernheiten. ➜ Nehmen Sie in schnellem Wechsel an diesen Gruppen teil.

HOMEWORK

My dream timetable					
	Monday	Tuesday	Wednesday	Thursday	Friday

Put in the subjects, when and where you would like to be taught and any specific comments (e. g. how to teach these subjects...)

HOMEWORK

My dream holiday	
place	
time of the year	
accomodation	
activities	
preparation	

Lernstufe	ab 2. Lernjahr
vorausgegangene Unterrichtsstunde	Diese Hausaufgabe ist unabhängig vom vorangegangenen Unterricht.
kognitive Voraussetzungen	Die Schüler müssen mit der Funktion und den Kombinationsmöglichkeiten von Adjektiven und Adverbien vertraut sein.
Lernziele und Übungsziele	Die Schüler sollen Adjektive und Adverbien schnell abrufen können.
Hausaufgabenstellung	Die Schüler sollen versuchen, zu jedem Buchstaben des Alphabets zumindest ein Adjektiv oder ein Adverb, das mit diesem Buchstaben beginnt, abzurufen.
darauffolgende Unterrichtsstunde	Die Lehrkraft schreibt einen Eigennamen, den Namen einer Stadt oder eines Landes, die Bezeichnung für ein Tier, ein Gericht, eine Sportart etc. an die Tafel und fragt die Schüler *"Why do you like / hate X?"*. Die Schüler antworten, indem sie X mit Adjektiven, Verb-Adverb- oder Adverb-Adjektiv-Kombinationen beschreiben. Dabei müssen diese Wörter mit den Buchstaben beginnen, die in dem vom Lehrer angeschriebenen Wort enthalten sind, z.B. *"Why do you hate PARIS?" - "Because of the poor quality of public transport." - "Because of the anonymous atmosphere." - "Because it's rarely sunny there"*.
mögliche Probleme	„Mir fallen keine Wörter ein!" ➜ Lassen Sie die Schüler vor der spielerischen Übung in Vierergruppen ihre Wörter zu den einzelnen Buchstaben sammeln – vier Schüler finden stets mehr als einer.

Lernstufe	ab 3. Lernjahr
vorausgegangene Unterrichtsstunde	Sie haben einige Prinzipien der Wortbildung im Englischen behandelt.
kognitive Voraussetzungen	Die Schüler sollten über grundlegende Wortbildungsprinzipien im Englischen Bescheid wissen und klare Vorstellungen von Wortarten haben.
Lernziele und Übungsziele	Die Schüler sollen ihren Wortschatz erweitern, indem sie Wortbildungsregeln auf bekannte Wörter anwenden.
Hausaufgabenstellung	Die Schüler erhalten ein Arbeitsblatt (S. 48) mit verschiedenen Suffixen. Sie fügen möglichst viele Wörter hinzu, die mit diesen Suffixen verbunden werden können, und überprüfen die Bedeutung im Lexikon.
darauffolgende Unterrichtsstunde	Die Ergebnisse der Schüler werden gesammelt und zu jedem Suffix auf einem Lernposter festgehalten, das einige Wochen lang an der Klassenzimmerwand die Wörter in Erinnerung rufen soll.
mögliche Probleme	Den Schülern fallen keine geeigneten Adjektive, Verben etc. spontan ein. ➔ Raten Sie den Schülern, die Vokabelliste im Buch zu überfliegen und nach passenden Wörtern Ausschau zu halten.

Homework

Which words can you combine with the following suffixes?

-ment

-ness

-ing

-less

4.2.4 Hausaufgaben zum Üben von Strategien zur Erschließung des Wortschatzes

Das Erschließen von unbekannten Wörtern spielt in vielen Situationen, in denen wir außerhalb des Englischunterrichts mit der Fremdsprache konfrontiert werden, eine wesentliche Rolle, denn nur selten haben wir Zeit (und Lust), unbekannte Wörter im Lexikon nachzuschlagen. Stattdessen versuchen wir sie zu erraten. Dieses *"intelligent guessing"* muss als eine wichtige Strategie bewusst gemacht, in seiner Verfahrensweise demonstriert und analysiert werden. Zudem ist regelmäßige Übung unerlässlich, um mit zunehmender Routine immer mehr Sicherheit und Mut zu gewinnen, denn viele Schüler verfügen nicht über das Selbstvertrauen, das zur Anwendung von Erschließungsstrategien nötig ist. Deshalb sollten auch Hausaufgaben gelegentlich zum Erschließen von Wörtern auffordern.

Lernstufe	ab 2. Lernjahr
vorausgegangene Unterrichtsstunde	Sie haben anhand eines relativ leichten (Lehrbuch-) Textes Erschließungsstrategien bewusst gemacht und geübt.
kognitive Voraussetzungen	Die Schüler sollten erkannt haben, dass für das Erschließen von Wörtern verschiedene Informationsbereiche herangezogen werden müssen (Wortart, Satzbau, Satzkontext, Gesamttext, Weltwissen, Ähnlichkeit mit anderen Sprachen).
Lernziele und Übungsziele	Die Schüler sollen lernen, Strategien zur Erschließung des Wortschatzes selbstständig anzuwenden.
Hausaufgaben-stellung	Wählen Sie mehrere für die Schüler unbekannte Wörter, die nicht aufgrund ihrer äußeren Ähnlichkeit mit dem Deutschen (oder einer anderen den Schülern bekannten Sprache) problemlos erschließbar sind. Fügen Sie zu jedem Wort mehrere (leichte) Beispielsätze hinzu, die Sie in verschiedenen *learner dictionaries* finden. Die Schüler sollen zu Hause die Wortbedeutung anhand der Beispielsätze erschließen und dabei ihre Überlegungen (halb-)laut formulieren.
darauffolgende Unterrichtsstunde	Legen Sie eine Folienkopie der Wörter und Beispielsätze auf den OHP und lassen Sie die Schüler erklären (und am OHP demonstrieren), mithilfe welcher Informationen sie die Bedeutung der Wörter erschlossen haben.

<table>
<tr>
<td>mögliche Probleme</td>
<td>Manche Schüler neigen dazu, auch nach sorgfältiger Vermittlung von Erschießungsstrategien recht ungezielt und „impressionistisch“ an unbekannte Wörter heranzugehen.
➜ Erstellen Sie für diese Schüler eine Checkliste als Hilfestellung, z. B.:
<table>
<tr><td>Kannst du eine Ähnlichkeit mit einem deutschen Wort erkennen?</td><td></td></tr>
<tr><td>Kannst du eine Ähnlichkeit mit einem Wort aus einer anderen Sprache erkennen?</td><td></td></tr>
<tr><td>Welche Wortart müsste es sein? Warum?</td><td></td></tr>
<tr><td>Was sagt dir der Satzzusammenhang über das Wort?</td><td></td></tr>
<tr><td>Steht dies im Widerspruch zum Textinhalt?</td><td></td></tr>
<tr><td>Steht dies im Widerspruch zu deinem Allgemeinwissen?</td><td></td></tr>
</table>
</td>
</tr>
</table>

Lernstufe	ab 3. Lernjahr
vorausgegangene Unterrichtsstunde	Diese Hausaufgabe ist unabhängig vom vorangegangenen Unterricht. Sie kann bei jeder selbstständigen Texterarbeitung durch die Schüler eingesetzt werden.
kognitive Voraussetzungen	Die Schüler sollten mit Erschließungsstrategien vertraut sein.
Lernziele und Übungsziele	Die Schüler sollen lernen, Strategien zur Erschließung des Wortschatzes selbstständig und routiniert anzuwenden.
Hausaufgaben-stellung	Die Schüler erhalten einen leichten authentischen Text von geringer Länge. Sie sollen den Text zunächst überfliegen – ohne sich um unbekannte Wörter zu kümmern –, um sich einen Überblick über den Textinhalt zu verschaffen. Dann versuchen sie, die unbekannten Wörter zu erschließen. Nur bei den Wörtern, bei denen die Erschließungsstrategien völlig versagen, soll ein Nachschlagen im einsprachigen Lexikon erfolgen.
darauffolgende Unterrichtsstunde	Die Schüler besprechen ihre Erschließungsergebnisse zunächst mit ihrem Banknachbarn. Anschließend stellen sie ihre Ergebnisse der Klasse vor und erklären dabei auch, wie sie zu diesem Ergebnis gekommen sind.
mögliche Probleme	Schüler bringen aus ihren ersten Lernjahren häufig die Auffassung mit, sie müssten in einem Text alle Wörter völlig eindeutig verstehen. Diese Einstellung verhindert das Erschließen, denn diese Schüler können die Zweifel hinsichtlich der Richtigkeit der vermuteten Wortbedeutung, die beim Erschließen in vielen Fällen nicht zu beseitigen sind, nicht akzeptieren und schlagen Wörter grundsätzlich im zweisprachigen Wörterbuch nach – leider meist ohne vorher Erschließungsstrategien zumindest versucht zu haben. ➜ Machen Sie den Schülern klar, dass in vielen Situationen *nur* Erschließungsstrategien möglich sind (z. B. in der mündlichen Kommunikation, beim Überfliegen einer Zeitung im Bus) und dass Sie von ihnen nicht erwarten, dass alle erschlossenen Wortbedeutungen richtig sind.

4.2.5 Hausaufgaben als Vorbereitung des freien Sprechens und Schreibens

Der Unterricht sollte Schülern immer klar machen, dass Wortschatzarbeit kein Selbstzweck ist, sondern eine wesentliche Bedingung für schnelles, effektives Erfassen von (Hör- / Lese-)Texten und für die reibungslose Kommunikation in der Fremdsprache. Wortschatzhausaufgaben sollten daher möglichst oft in die Anwendung der geübten oder reaktivierten Wörter in attraktiven Sprech- oder Schreibaktivitäten übergehen. Erst dadurch erhalten diese Hausaufgaben ein klares Ziel, ohne welches Schüler sich oft nicht zu einer sorgfältigen Erledigung der Hausaufgabe veranlasst sehen.

Lernstufe	ab 1. Lernjahr
vorausgegangene Unterrichtsstunde	Sie haben den Wortschatz vermittelt und gefestigt.
kognitive Voraussetzungen	Die Schüler sind mit dem freien Formulieren von Sätzen vertraut.
Lernziele und Übungsziele	• Die Schüler sollen den neuen Wortschatz in Kontexten anwenden können. • Die Schüler sollen erkennen, dass das Anwenden von Wörtern in kreativen, ungewöhnlichen Texten die Behaltensleistung fördert.
Hausaufgaben-stellung	Die Schüler bilden mit jedem der neuen Wörter einen (möglichst wenig banalen) Satz und halten ihn in ihrem Hausheft fest.
darauffolgende Unterrichtsstunde	Die Lehrkraft befestigt eine breite Papierbahn an der Tafel und schreibt auf sie den Anfangssatz einer Geschichte. Diese Geschichte wird fortgesetzt, indem derjenige Schüler, der einen seiner vorbereiteten Sätze für einen geeigneten Anschlusssatz hält, ihn vorschlägt und, wenn die anderen diese Fortsetzung billigen, auf der Papierbahn hinzufügt. Auf diese Weise entsteht u. U. eine recht lange Geschichte, die als Gemeinschaftsprodukt der Klasse einige Zeit an der Klassenzimmerwand hängen sollte (bzw. bei entsprechender Qualität und Originalität in der Eingangshalle der Schule öffentlich gemacht werden könnte).
mögliche Probleme	Die von Schülern vorbereiteten Sätze lassen sich nicht zu einer sinnvollen Geschichte zusammenfügen. ➜ Gehen Sie in diesem Fall über zum gemeinsamen Entwerfen passender Sätze. Einige der vorbereiteten Sätze lassen sich sicherlich an dieser oder jener Stelle integrieren.

Lernstufe	ab 2. Lernjahr
vorausgegangene Unterrichtsstunde	Sie haben einen Text zum Thema *"Party"* behandelt und themenspezifischen Wortschatz vermittelt.
kognitive Voraussetzungen	Die Schüler sind es gewohnt, selbstständig zu einem bekannten Thema Texte zu verfassen und mithilfe des Lexikons ihren Wortschatz zu erweitern.
Lernziele und Übungsziele	Die Schüler sollen den erarbeiteten Wortschatz systematisieren und in eigenen Kontexten anwenden.
Hausaufgaben-stellung	Die Schüler sollen zunächst möglichst viel Wortschatz zum Thema *"Party"* sammeln und durch Nachschlagen im Lexikon ergänzen. Dann sollen sie sich vorstellen, dass sie eine Party organisieren und dafür eine Liste all der Dinge anfertigen müssen, die zu besorgen und zu organisieren sind. Diese Liste schreiben die Schüler in Satzfragmenten auf ein Blatt Papier. Dabei sollen sie möglichst viele der Wörter und Wendungen ihrer *mind map* anwenden.
darauffolgende Unterrichtsstunde	Die Lehrkraft sammelt die Zettel ein und verteilt sie erneut an die Schüler. Dabei sollte kein Schüler seine eigene Liste zurückerhalten. Die Schüler lesen die Liste aufmerksam und sollen sich vorstellen, dass sie diese Party besucht haben, einiges dabei fürchterlich schief ging, anderes entsetzlich war und sie jetzt (z.B. in einer E-Mail) einem Freund darüber berichten. Diesen Bericht schreiben sie auf ein Blatt Papier. Nach Abschluss der Schreibtätigkeit lesen einige Schüler ihre Berichte vor und die restlichen Schüler versuchen zu erraten, ob damit ihre Party beschrieben wird. Die Lehrkraft kann anschließend die Listen und Berichte an der Klassenzimmerwand befestigen oder sie kopieren und in einem *class folder* zu weiterem Raten zur Verfügung stellen.
mögliche Probleme	Die Schüler werden für das Anfertigen ihrer Berichte unterschiedlich lange brauchen. ➜ Sorgen Sie mit Sprachzeitschriften, englischsprachigen Comics etc. dafür, dass die schnelleren Schüler sich nicht langweilen, wenn sie ihre Arbeit beendet haben.

Lernstufe	ab 2. Lernjahr
vorausgegangene Unterrichtsstunde	Sie haben z. B. anhand eines Textes über Personen gesprochen und dabei Vokabular zum Thema *"appearance and character"* umgewälzt oder Sie haben Wortschatz zu diesem Thema wiederholt.
kognitive Voraussetzungen	Die Schüler sollten es gewohnt sein, längere Äußerungen frei zu formulieren.
Lernziele und Übungsziele	Die Schüler sollen Vokabular, das zum Beschreiben von Personen wichtig ist, reaktivieren, systematisieren und anwenden.
Hausaufgaben-stellung	Die Schüler erstellen in Form einer Zeichnung oder einer Collage aus Zeitschriftenbildern eine Fantasieperson und versehen sie mit einem Namen. Sie sammeln auf einem Zettel möglichst viele Wörter, die für die Beschreibung von Aussehen, Neigungen und Charakter der Person notwendig sind, und überlegen sich, wie sie diese Person möglichst umfassend beschreiben können. Diese Beschreibung spielen sie laut oder halblaut durch.
darauffolgende Unterrichtsstunde	Die Lehrkraft sammelt die Zeichnungen und Collagen ein und befestigt sie an der Wand. Dabei sollte nicht erkenntlich werden, wer welche Person angefertigt hat. Dann beschreiben einige Schüler ihre Fantasieperson, die restlichen versuchen sie zu erraten. Die Beschreibenden sollten es den Ratern schwer machen, indem sie mit den Charaktereigenschaften beginnen und erst am Schluss auf die leichter bestimmbaren äußeren Merkmale eingehen.
mögliche Probleme	Es ist nicht sinnvoll, in einer Unterrichtsstunde alle Schüler mit ihren Fantasiepersonen zu berücksichtigen, denn der Reiz des Ratens könnte bald in Langeweile übergehen. ➜ Die Ratetätigkeit kann über mehrere Wochen hinweg als spielerischer Beginn die Unterrichtsstunde einleiten oder am Stundenende als Zeitpuffer verwendet werden.

Lernstufe	ab 2. Lernjahr
vorausgegangene Unterrichtsstunde	Sie haben den Wortschatz vermittelt und gefestigt.
kognitive Voraussetzungen	Die Schüler müssen mit Lückentexten vertraut sein und sollten daran gewöhnt sein, freie Texte zu schreiben.
Lernziele und Übungsziele	Die Schüler sollen den erarbeiteten Wortschatz in Kontexten anwenden lernen.
Hausaufgabenstellung	Die Schüler wählen aus dem vermittelten Wortschatz drei viertel der Wörter / Wendungen aus und erstellen mit ihnen einen möglichst interessanten, originellen Lückentext, in dem die „neuen" Wörter durch Lücken ersetzt werden.
darauffolgende Unterrichtsstunde	Die Schüler tauschen ihren Lückentext mit dem eines Partners und setzen die fehlenden Wörter ein. Dann kontrollieren sie gemeinsam die Richtigkeit ihrer Lösungen und konsultieren im Zweifelsfall die Lehrkraft.
mögliche Probleme	Die fehlenden Wörter sind aus den Kontexten nicht erschließbar, da diese zu vage oder zu ausgefallen sind. ➜ Schärfen Sie den Schülern ein, einen Text mit einer klaren Handlung zu erstellen. Ein Plot erleichtert das Erschließen erheblich, zumindest nach dem Lesen des gesamten Textes.

Lernstufe	ab 3. Lernjahr
vorausgegangene Unterrichtsstunde	Sie haben die Wörter vermittelt und gefestigt.
kognitive Voraussetzungen	Die Schüler sollten bereit sein, spielerisch mit der Fremdsprache umzugehen. Sie müssen in der Lage sein, sich vom „Dogma der vollständigen und schönen Sätze“ zu befreien.
Lernziele und Übungsziele	• Die Schüler sollen die Wörter in ungewöhnlichen Kontexten anwenden. • Sie sollen Freude daran finden, mit der Fremdsprache zu experimentieren.
Hausaufgaben-stellung	Geben Sie den Schülern ein Arbeitsblatt (s. S. 57), auf dem durch die Zeilenanordnung die Gestalt eines Figurengedichts festgelegt ist, d.h. die optische Form des Gedichts spiegelt das Thema wieder (ein Gedicht über einen Schmetterling hat daher auch die Form eines Schmetterlings). Verteilen Sie die Wörter (oder einen Teil davon) auf verschiedene Stellen des Gedichts. Die Schüler sollen mit diesen Wörtern ein Gedicht über das Thema schreiben und dabei die optische Form ausfüllen. Machen Sie den Schülern klar, dass moderne Dichtung häufig auf Reim und vollständige Sätze verzichtet.
darauffolgende Unterrichtsstunde	Lassen Sie einige Freiwillige ihre Gedichte ausdrucksstark vorlesen. Kleben Sie alle Gedichte auf einen großen Bogen Papier und befestigen Sie diesen an der Klassenzimmerwand.
mögliche Probleme	Das Verfassen von Gedichten ist nicht jedermanns Sache, und manche Schüler kommen damit überhaupt nicht zurecht. ➜ Bieten Sie diesen Schülern eine Alternativhausaufgabe an, z.B. das Erstellen einer Geschichte, einer Bildbeschreibung etc.

Moonlight

___

______

____

____

____

____

____

____

____

____

____

____

____

____

____

______

___

Lernstufe	ab 3. Lernjahr
vorausgegangene Unterrichtsstunde	Diese Hausaufgabe ist unabhängig vom vorangegangenen Unterricht.
kognitive Voraussetzungen	Die Schüler müssen in der Lage sein, selbstverantwortlich ein Thema zu bestimmen und Vokabular zu sammeln.
Lernziele und Übungsziele	Die Schüler müssen lernen, frei über ein selbst gewähltes Thema zu sprechen und den Vortrag lexikalisch vorzubereiten.
Hausaufgaben-stellung	Diese Hausaufgabe sollte über ein ganzes Schuljahr verteilt werden, da pro Unterrichtsstunde nur ein Schüler seine Hausaufgabe vorstellen kann. Der in Frage kommende Schüler wählt ein Hobby, eine Person, die ihm wichtig ist, ein Buch, ein Lied etc. Er sammelt zu seinem Thema zunächst möglichst umfassend den geeigneten Wortschatz in Form einer *mind map* und versucht dann unter Verwendung von möglichst vielen dieser Wörter einen kurzen Vortrag von nicht mehr als zwei Minuten (halblaut) einzuüben, wobei er das Thema (d.h. das Hobby, die Namen, Titel etc.) stets durch ein Unsinnwort ersetzt.
darauffolgende Unterrichtsstunde	Der Schüler hält seinen Kurzvortrag, ohne das Thema zu nennen, während die restlichen Schüler das Thema zu erraten versuchen. Gestaltet sich dies sehr schwierig, so dürfen sie am Ende des Vortrags noch inhaltliche Fragen stellen. Diese Kurzvorträge können Unterrichtsstunden einleiten.
mögliche Probleme	Für sehr introvertierte Schüler kann ein solcher Vortrag eine Tortur sein, die sie nur mit Ablesen vom Blatt oder, wenn dies untersagt wurde, durch Auswendiglernen des Textes zu überstehen glauben. ➜ Auch wenn freies Sprechen vor Publikum von großer Bedeutung ist und gelernt werden sollte, bieten Sie diesen Schülern eine kreative Alternative an (z.B. Erstellen eines Posters mit Bildern und eigenen Texten zu ihrem Thema).

Lernstufe	ab 3. Lernjahr
vorausgegangene Unterrichtsstunde	Sie haben einen Text behandelt, der sich mit dem Problem *"pocket money"* befasst.
kognitive Voraussetzungen	Die Schüler sind in der Lage, einfache Diskussionen in der Fremdsprache zu führen.
Lernziele und Übungsziele	• Die Schüler sollen möglichst viel themenspezifisches Vokabular reaktivieren und vernetzen. • Sie sollen dieses Vokabular in spontanen Äußerungen anwenden.
Hausaufgabenstellung	Teilen Sie die Klasse in zwei Gruppen: zwei Drittel der Klasse sammelt zu Hause Argumente und reaktiviert dafür in Form einer *mind map* möglichst viele Wörter und Wendungen. Das restliche Drittel schlüpft in die Rolle der Eltern und sammelt Argumente gegen eine Taschengelderhöhung (sowie das geeignete Vokabular).
darauffolgende Unterrichtsstunde	Die Schüler bilden zunächst Vierergruppen mit Schülern, die mit der gleichen Aufgabenstellung befasst waren, und vergleichen ihre Argumente. Dann bilden jeweils zwei „Kinder", die eine Taschengelderhöhung fordern, und ein „Elternteil", das diese Erhöhung ablehnt, eine Gruppe. Die „Kinder" versuchen nun mit möglichst überzeugenden und originellen Argumenten, ihre Taschengelderhöhung durchzusetzen. Diskutieren Sie anschließend im Plenum die überzeugendsten Argumente!
mögliche Probleme	• Legen Sie ein Zeitlimit von ca. fünf bis zehn Minuten (je nach der Diskussionsfreudigkeit Ihrer Klasse) fest, sonst wird z. T. endlos mit stets wiederkehrenden Argumenten gestritten. • Die Rolle des „Elternteils" ist u. U. unbeliebt. Wenn sich alle Schüler gegen diese Rolle sträuben, dann müssen Sie diese Rolle übernehmen und Ihren Standpunkt gegenüber der gesamten Klasse verteidigen.

Lernstufe	ab 3. Lernjahr
vorausgegangene Unterrichtsstunde	Sie haben einen Themenkreis (z.B. im Lehrbuch) abgeschlossen.
kognitive Voraussetzungen	Die Schüler sollten mit einem breiten Repertoire von Umschreibungstechniken vertraut sein.
Lernziele und Übungsziele	• Die Schüler sollen erkennen, dass es oft möglich ist, Wortschatzdefizite durch die Anwendung von „Kompensationsstrategien“ auszugleichen. • Die Schüler sollen Routine bekommen in der Anwendung wichtiger Umschreibungstechniken.
Hausaufgabenstellung	Weisen Sie bei der Hausaufgabenstellung auf die verschiedenen Umschreibungsmöglichkeiten für Wörter hin und geben Sie den Schülern u. U. eine schriftliche Übersicht mit Beispielen als Hilfestellung für die Hausaufgabe (Synonyme, verneinte Antonyme, Definitionen, Paraphrasierungen, Analogieschlüsse etc.). Teilen Sie die Klasse in zwei Hälften und weisen sie jeder Hälfte einen Teilbereich des Themas zu, das Sie in der letzten Zeit behandelt haben. Die Schüler sollen zu diesem Teilbereich zu Hause sechs Wörter auswählen und sich zu jedem Wort eine geeignete Umschreibungstechnik überlegen. Diese Aufgabe kann mündlich oder schriftlich erledigt werden.
darauffolgende Unterrichtsstunde	Die Schüler überprüfen zunächst zusammen mit ihrem Banknachbarn ihre Umschreibungen in Hinblick auf Korrektheit und Verständlichkeit. Anschließend stellt eine Klassenhälfte ihre Umschreibungen vor, die anderen Schüler müssen die umschriebenen Wörter erraten. Das alles soll möglichst schnell erfolgen. Hat die erste Gruppe all ihre Umschreibungen vorgestellt, muss sie die Wörter der anderen Gruppe erraten. Diese Tätigkeit kann auch im Wettbewerb durchgeführt werden: Schafft es die erratende Gruppe, das Wort innerhalb einer Sekunde richtig zu erschließen, erhält sie jeweils einen Punkt.
mögliche Probleme	Manche Schüler sind hilflos, wenn sie zu einem Wort Umschreibungsmöglichkeiten finden sollen. ➔ Raten Sie diesen Schülern, im Notfall ein einfaches (einsprachiges) *learner dictionary* zu benützen.

4.3 Hausaufgaben für den Grammatikerwerb

Grammatik muss durch häufiges Üben und Anwenden automatisiert werden, denn in einer Kommunikationssituation muss sie spontan und ohne langwierige Abrufprozesse zur Verfügung stehen. Die Kenntnis des Regelsystems ist der „Zufluchtsort", den man dann aufsucht, wenn der intuitive Gebrauch nicht (mehr) funktioniert. Entscheidend ist also das häufige und abwechslungsreiche Üben von Grammatik, das möglichst – auch in seiner gesteuerten Form – realitätsnah durchgeführt werden sollte. Deshalb erfolgen hier viele Hausaufgabenvorschläge in erster Linie in Gestalt weitgehend freier, kreativer Grammatikanwendung, die auch die Freude am spielerischen Umgang mit der Fremdsprache fördern und erhalten soll.

4.3.1 Hausaufgaben für gesteuertes Üben von Grammatik

Gesteuertes Üben ist wichtig, um die Grammatikregel und ihren Anwendungsbereich zu verstehen (viele Schüler „verstehen" eine Regel erst durch das Üben) und dieses Wissen dann auf andere Situationen übertragen zu können. Gesteuertes Üben sollte deshalb nicht nur Üben von Sprache sein, sondern auch Bewusstwerden, Durchdenken der zugrunde liegenden Gesetzmäßigkeiten von Sprache. Aus diesem Grund sollte eine Hausaufgabe mit dieser Funktion die Regel und ihre Bedingungen ins Bewusstsein heben, lernstrategische Hinweise geben und die Selbstkorrektur fördern.

Lernstufe	ab Ende 1. Lernjahr
vorausgegangene Unterrichtsstunde	Sie haben Formen und Funktion des *simple past* eingeführt und mehrere Übungen dazu durchgeführt.
kognitive Voraussetzungen	Die Schüler kennen die Formen und die Funktion des *simple past* sowie die wichtigsten Signalwörter. Sie sind mit dem zweisprachigen Wörterbuch und der Nachschlagefunktion des Grammatikteils im Lehrbuch vertraut.
Lernziele und Übungsziele	• Die Schüler sollen erkennen, welche Faktoren eine Erzählsituation bestimmen, die das *simple past* erfordert. • Sie sollen die sprachlichen Signale bestimmen können, die diese Situation verdeutlichen. • Sie sollen die richtigen Formen des *simple past* im passenden Kontext verwenden können.

Hausaufgaben-stellung	Geben Sie den Schülern das Arbeitsblatt (S. 63) und verdeutlichen Sie die Anweisungen, indem Sie zusammen mit den Schülern den ersten Satz bearbeiten. Differenzierungsmöglichkeiten bei dieser Hausaufgabe sind leicht umzusetzen: a) Integrieren Sie die Verben nicht in den Text, sondern stellen Sie sie in einem Kasten oder Kreis in unsystematischer Anordnung zur Auswahl. b) Verzichten Sie völlig auf die Angabe der Verben. Die Schüler müssen aus dem Kontext die passenden Verben erschließen.
darauffolgende Unterrichtsstunde	Lassen Sie die Schüler zunächst ihre Lösungen mit einem Partner vergleichen und besprechen. Dies fördert häufig falsche Hypothesen zutage und führt zu sinnvollen Fragen. Besprechen Sie dann die Lösungen und die aufgetauchten Fragen mit der Klasse. Befragen Sie anschließend die Schüler über die ihnen bekannten Musikgruppen, z. B.: – Wann / wie wurde diese gegründet? – Welche Veränderungen gab es in der Gruppenzusammensetzung? – Was und wann waren die größten Erfolge? etc.
mögliche Probleme	Die „Inkubationszeiten“ auch für scheinbar einfache Grammatikphänomene können von Schüler zu Schüler stark variieren. Wundern Sie sich nicht, wenn Sie bei dieser (aus Lehrersicht einfachen) Hausaufgabe bei manchen Schülern hohe Fehlerraten feststellen. ➜ Nehmen Sie dies als nützliches Feedback und sorgen Sie dafür, dass diese Schüler in einer Freiarbeitsphase sich intensiv erneut mit diesem Grammatikproblem beschäftigen.

HOMEWORK

Can you tell Eric's story? You only have to fill in the correct forms of the verbs in brackets.

But first

- Read the text, try to understand it and underline all the expressions that tell you that these things happened at some point of time in the past!
- Then try to remember the *simple past* of the verbs in brackets. If you can't or if you are not sure about it, look them up in your grammar or in the dictionary.

And now fill in the gaps:

1. Two years ago Alan *(get)* _________ a guitar as a birthday present.
2. The first few months he *(practise)* _________ like mad, but then he *(become)* _________ lazy and *(play)* _________ his guitar only when his grandma *(come)* _________.
3. For his last birthday his parents *(buy)* _________ him a ticket for a rock concert in London.
4. He *(go)* _________ there together with a friend.
5. Both of them *(be)* _________ fascinated by the band and *(decide)* _________ to start their own group.
6. They *(ring up)* _________ two classmates and *(tell)* _________ them about their plan.
7. Nick and Tom *(think)* _________ about it for a couple of days because their parents *(hate)* _________ rock music, but then both of them *(say)* _________ "OK, let's do it!".
8. Two weeks later they *(start)* _________ to play together and they really *(enjoy)* _________ it!
9. Throughout many months they *(meet)* _________ every Saturday afternoon and *(practise)* _________ for several hours.
10. Two days ago they (give) _________ their first concert at a school party – and it was Alan's birthday, too!

Finished? Now read the story again and check if the verb forms make sense!

Lernstufe	ab 1. Lernjahr
vorausgegangene Unterrichtsstunde	Sie haben Form und Funktion des *present progressive* eingeführt und mehrfach geübt.
kognitive Voraussetzungen	Die Schüler müssen mit Bildung, Funktion und Gebrauch des *present progressive* vertraut sein. Sie müssen das Nachschlagen von Wörtern in einem zweisprachigen Wörterbuch beherrschen.
Lernziele und Übungsziele	Die Schüler sollen selbstständig Bildhandlungen in einem einfachen Satz im *present progressive* ausdrücken können.
Hausaufgabenstellung	Die Schüler erhalten das Arbeitsblatt *"What are they doing?"* (vgl. S. 66). Die Lehrkraft erklärt, dass jedes Bild in einen einfachen Satz im *present progressive* umgesetzt werden soll und demonstriert das Verfahren anhand von ein bis zwei weiteren Bildern auf Folie am OHP. Die Schüler sollen ihre Sätze in das Hausheft schreiben und anschließend das Arbeitsblatt so zuschneiden, dass jedes Bild für sich wie eine Spielkarte verwendet werden kann. Dann betrachten sie die einzelnen Bilder und sprechen dabei mehrmals laut den dazu passenden Satz.
darauffolgende Unterrichtsstunde	In der Folgestunde spielen die Schüler mit einem Partner das Spiel „Poker-face" (Colin Retter / Neus Valls: *Bonanza*. 77 English Language Games for Young Learners. Burnt Mill: Longman, 1984, S. 44-46). Dabei hält ein Schüler eines seiner Bilder so hoch, dass die Rückseite zu seinem Partner zeigt und dieser das Bild nicht sehen kann. Dazu sagt er entweder einen der vorbereiteten Sätze, der auf den Bildinhalt zutrifft oder zu einem anderen Bild gehört. Sein Gesichtsausdruck soll nicht verraten, ob er die Wahrheit sagt oder lügt. Sein Partner muss erraten, ob die Aussage mit dem Bild übereinstimmt oder nicht. Dementsprechend antwortet er *"I believe you"* oder *"I don't believe you"*. Hat er richtig geraten, erhält er diese Karte und fährt selbst mit dem Spiel fort. Hat er falsch geraten, darf der erste Partner das Spiel fortsetzen und die nächste Karte hochhalten.

	Das Spiel kann nach einer bestimmten Zeitspanne (z. B. zwei bis drei Minuten) beendet werden. Gewonnen hat derjenige, der die meisten Karten vorzuweisen hat.
mögliche Probleme	Wird beim Kopieren der Arbeitsblätter normales Papier verwendet, bleiben die Bilder oft beim Blick auf die Rückseite erkennbar und es findet kein Raten statt. Lassen Sie die Schüler zu Hause die Rückseite des Arbeitsblattes vor dem Zerschneiden mit dickem Kartonpapier bekleben. Nicht alle Schüler formulieren die Sätze zu Hause richtig. Wenn Sie nicht wollen, dass falsche Formulierungen umgewälzt werden, besprechen Sie die Sätze mit der Klasse vor dem Spiel.

What are they doing?

Kevin

Alan

Sven

Jim

Bill

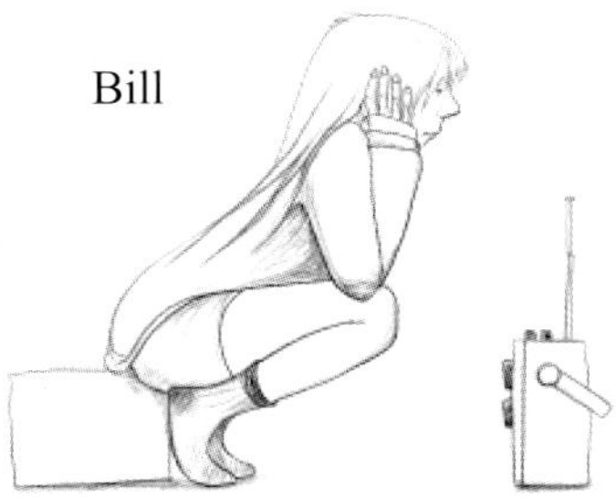

Fiona

Anne

Mr Duncan

Lernstufe	ab 1. Lernjahr
vorausgegangene Unterrichtsstunde	Sie haben das Gerund nach Verben des Mögens und Nicht-Mögens eingeführt und mehrfach geübt.
kognitive Voraussetzungen	Die Schüler müssen mit dem Gerund nach Verben des Mögens und Nicht-Mögens in Frage- und Aussagesätzen vertraut sein. Außerdem müssen sie das Nachschlagen von Vokabeln im zweisprachigen Lexikon beherrschen.
Lernziele und Übungsziele	Die Schüler sollen das Gerund in einfachen Sätzen anwenden.
Hausaufgaben-stellung	Die Schüler erhalten das Arbeitsblatt *"Spare time activities"* (S. 68). Die Lehrkraft verdeutlicht das Verfahren, indem sie das Foto einer prominenten Person als Folie auf OHP „befragt": *"Excuse me, Mr. ..., what do you like / hate doing in your spare time?"* - *"Oh, I like / hate ... "*. Die Lehrkraft hält die Antworten schriftlich auf der Folie fest. Nach diesem Muster sollen die Schüler ihre Familienmitglieder, Freunde etc. befragen (wenn möglich auf Englisch) und die Antworten auf dem Arbeitsblatt festhalten.
darauffolgende Unterrichtsstunde	Die Schüler tragen zunächst ihre Ergebnisse ihrem Banknachbarn vor. Die Lehrkraft befragt dann einzelne Schüler nach ihren Umfrageergebnissen, um sich Feedback bzgl. des Beherrschungsgrades der Gerundverwendung zu verschaffen. Anschließend bilden die Schüler Sechsergruppen. Jeder Schüler der Gruppe wählt ein Gruppenmitglied (ohne es auffällig anzusehen und so seine Wahl zu verraten) und schreibt jeweils zwei Vermutungen zu "X likes..." und "X hates..." auf einen Zettel (jeder Gruppe sollte ein zweisprachiges Lexikon zur Verfügung stehen). Anschließend liest jeder seine Vermutungen vor (ohne natürlich den Namen der Person zu nennen). Die anderen müssen erraten, um welches Mitglied der Gruppe es sich handelt.
mögliche Probleme	Bei spielerischem Üben werden noch nicht völlig automatisierte Strukturen häufig vergessen, und muttersprachliche Interferenzen treten hervor. ➜ Ein Lernposter, welches das Strukturprinzip dieses Gerundgebrauchs verdeutlicht und dazu auch Beispielsätze bietet, kann diese Gefahr verringern. In Klassen mit sehr undiszipliniertem Verhalten und ungünstigem Sozialklima ist das Ratespiel u. U. nicht durchführbar.

Spare time activities

- Ask your family, relatives and friends what spare time activities they like or hate.
- Ask at least (mindestens) five people. Use a dictionary (Lexikon) if you don't know the words.

My father	likes __________ hates __________
	likes __________ hates __________
	likes __________ hates __________
	likes __________ hates __________
	likes __________ hates __________
	likes __________ hates __________
	likes __________ hates __________
	likes __________ hates __________

Lernstufe	ab 2. Lernjahr
vorausgegangene Unterrichtsstunde	Die Lehrkraft hat die bisherigen Kenntnisse der Schüler über Funktionen, Positionen und Bildung von Adjektiven und Adverbien wiederholt, systematisiert und in einigen Übungen anwenden lassen.
kognitive Voraussetzungen	Die Schüler müssen sowohl mit den verschiedenen Funktionen und Positionen von Adjektiven und Adverbien vertraut sein als auch die verschiedenen Formen der Adverbbildung kennen. Sie müssen außerdem in der Lage sein, Vokabeln in einem zweisprachigen Lexikon nachzuschlagen und diese im richtigen Kontext zu verwenden.
Lernziele und Übungsziele	• Die Schüler sollen die Funktionen von Adjektiven und Adverbien reflektieren und ihre Bedeutung für eine ansprechende und leserfreundliche Textgestaltung erkennen. • Sie sollen ihr bisheriges Wissen über Adjektive und Adverbien bewusst anwenden.
Hausaufgaben-stellung	Geben Sie den Schülern einen Text zu einem bekannten Themenbereich. Aus diesem Text wurden sämtliche Adjektive und Adverbien entfernt. Erklären Sie den Schülern, dass sie sich in die Rolle eines Journalisten versetzen sollen, der entsprechend der Wortmenge seiner Artikel bezahlt wird und daher daran interessiert ist, diesen „dürren" Artikel mittels Adjektiven und Adverbien an passenden Stellen umfangreicher (und evtl. auch dramatischer, spektakulärer etc.) zu gestalten. Sie sollen daher in diesem Sinn den Artikel überarbeiten, ohne allerdings durch allzu absurde Übertreibung die Glaubwürdigkeit des Artikels zu gefährden, sonst würde er vom Chefredakteur abgelehnt.
darauffolgende Unterrichtsstunde	Die Schüler tauschen mit einem Partner ihren überarbeiteten Text und beurteilen ihn dahingehend, inwiefern die hinzugefügten Wörter ihn leserfreundlicher und attraktiver gestaltet haben. Dann werden die drei längsten Texte in der Klasse ermittelt, von den Autoren vorgelesen und ebenfalls nach den Kriterien Attraktivität vs. störende Übertreibung beurteilt. Abschließend wird aus diesen drei Texten der attraktivste gewählt.

mögliche Probleme	Schüler müssen ein Gespür für den passenden Einsatz von Adjektiven und Adverbien entwickeln, sonst verfassen sie bei dieser Hausaufgabe groteske Anhäufungen dieser Wortarten. ➔ Diskutieren Sie, nachdem diese beiden Wortarten behandelt worden sind, bei der Textarbeit gelegentlich die Kriterien für sinnvolle und überflüssige Verwendung von Adjektiven und Adverbien.

4.3.2 Hausaufgaben für freies Anwenden von Grammatik

Auch in der Muttersprache unterlaufen uns – vor allem bei spontanem Sprechen – Grammatikfehler, denn die Botschaft einer Äußerung wird in erster Linie durch den Wortschatz vermittelt, dem deshalb bei der Kommunikation unser Hauptaugenmerk gilt.

Wenn wir uns beim freieren Anwenden von Grammatikphänomenen möglichst realitätsnahe Gebrauchsbedingungen zu schaffen bemühen, so laufen wir auch hier Gefahr, dass die Grammatik in den Hintergrund tritt – angesichts der drängenderen Wortschatzprobleme sozusagen „vergessen" wird – und das, was eigentlich geübt werden soll, nur sehr fehlerhaft angewendet wird. Um diesem Problem entgegenzuwirken – ganz vermeiden lässt es sich sicherlich nicht – sollten diese Hausaufgaben erst dann eingesetzt werden, wenn das jeweilige Grammatikphänomen bereits intensiv geübt wurde und weitgehend automatisiert ist. Auch sollte der Sprech- bzw. Schreibprozess durch geeignete Entlastungsstrategien (z. B. durch die vorangehende Wortschatzreaktivierung) erleichtert werden.

Lernstufe	ab 1. Lernjahr
vorausgegangene Unterrichtsstunde	Sie haben im Unterricht in verschiedenen gesteuerten Übungen das *present progressive* gefestigt.
kognitive Voraussetzungen	Die Schüler sind mit Form und Funktion des *present progressive* vertraut und können es in verschiedenen Situationen selbstständig anwenden. Sie sind in der Lage, Wörter in einem zweisprachigen Lexikon nachzuschlagen.
Lernziele und Übungsziele	Die Schüler sollen das *present progressive* in freien Sätzen anwenden. Dabei soll der Inhalt der Äußerungen im Vordergrund stehen.
Hausaufgabenstellung	Teilen Sie das Arbeitsblatt (S. 72) zu Beginn der Stunde aus und erklären Sie den Schülern, dass sie an diesem Tag zu bestimmten Zeiten ihre Umgebung beobachten und das Geschehen schriftlich festhalten sollen (soweit notwendig unter Heranziehen des zweisprachigen Lexikons). Demonstrieren Sie das Prinzip mehrmals im Laufe dieser Unterrichtsstunde, z. B. *"It's 9.10 now. What am I doing?" – "You're writing on the board"* bzw. *"It's 9.25 now. Jan, look out of the window. What's Mr. Graf, our janitor, doing?" – "He's walking across the yard."*
darauffolgende Unterrichtsstunde	Die Schüler lesen ihrem Banknachbarn ihre Beobachtungen vor. Die Lehrkraft fragt anschließend einzelne Schüler nach ihren Beobachtungen.
mögliche Probleme	Die Schüler scheuen vor der Verwendung „neuer" Wörter aus dem Lexikon zurück und flüchten sich in Vermeidungsstrategien (d. h. sie schreiben nicht, was sie tatsächlich beobachten, sondern was sie sicher beherrschen: In diesem Fall wird der Tagesablauf auf Fernsehen, Fußballspielen und Lesen reduziert). ➜ Dieses grundsätzliche Problem der Angst vor sprachlich neuem Terrain ist nur langfristig lösbar. Werden Schüler von Anfang an daran gewöhnt, dass sprachliche Experimente normal und kleine freie Texte regelmäßig Teil des Unterrichts sind, so sind sie weniger geneigt, Vokabular außerhalb des Lehrbuchs ängstlich zu vermeiden.

What's going on?

Look around you, watch people, pets and things and then write down what's happening at ...

 2 p. m. ____________________

 10 a. m. ____________________

 3 p. m. ____________________

 4 p. m. ____________________

 9 a. m. ____________________

 noon ____________________

Lernstufe	ab 1. Lernjahr
vorausgegangene Unterrichtsstunde	Sie haben die bisher erarbeiteten Fragestrukturen wiederholt, systematisiert und in einigen gesteuerten Übungen erneut gefestigt.
kognitive Voraussetzungen	Die Schüler müssen mit den Fragestrukturen vertraut sein und die Konstruktionsprinzipien verstanden haben. Sie müssen die verschiedenen Frageformen einschließlich der gebräuchlichsten Fragewörter weitgehend anwenden können.
Lernziele und Übungsziele	Die Schüler sollen die Frageformen mit Konzentration auf den Inhalt der Äußerung frei anwenden.
Hausaufgabenstellung	Sagen Sie den Schülern, dass sie in der Folgestunde zwei Klassenkameraden interviewen werden. Zu diesem Zweck sollen sie fünf Fragen finden, die ihnen wichtig erscheinen (z. B. Hobbys, Haustiere, Musikgruppen, Lieblingslehrer etc.). Geben Sie den Schülern ein Raster vor, in das sie ihre Fragen und in der Fragestunde die Antworten ihrer Interviewpartner schreiben können.
darauffolgende Unterrichtsstunde	Die Schüler begeben sich mit ihrem Blatt zu ihren gewünschten Interviewpartnern, stellen die Fragen und notieren die Antworten. Anschließend berichten einzelne Schüler über ihre neuen Informationen im Plenum.
mögliche Probleme	Die verschiedenen Frageformen im Englischen werden von Schülern lange Zeit nicht sicher beherrscht. ➜ Hängen Sie im Klassenzimmer ein farbiges Lernposter auf, das die verschiedenen Konstruktionsprinzipien hervorhebt und mit Beispielsätzen illustriert. Geben Sie den Schülern den Hinweis, vor dem Interview die grammatikalische Korrektheit ihrer Fragen anhand des Posters zu überprüfen.

Lernstufe	ab 2. Lernjahr
vorausgegangene Unterrichtsstunde	Die Lehrkraft hat *"spare time activities"* thematisiert und in diesem Zusammenhang eine themaspezifische Wortschatzreaktivierung (z. B. in Form eines *word web* auf einem großen Poster) durchgeführt und das Gerund bei Verben der Vorliebe und Abneigung wiederholt.
kognitive Voraussetzungen	Die Schüler sollen mit obiger Gerund-Verwendung vertraut sein und Nachschlagetechniken im zweisprachigen Lexikon beherrschen.
Lernziele und Übungsziele	Die Schüler sollen das Gerund mit Verben des Mögens und Nicht-Mögens verwenden, um authentische Äußerungen über ihre eigenen Vorlieben und Abneigungen zu formulieren.
Hausaufgabenstellung	Die Schüler erhalten das Arbeitsblatt *"That's me"* (S. 75). Sie sollen unter Verwendung der oben angegebenen Verben möglichst viele ihrer Vorlieben und Abneigungen darauf formulieren, aber nicht handschriftlich. Der Autor darf nicht über die Schrift oder andere Äußerlichkeiten identifizierbar sein.
darauffolgende Unterrichtsstunde	Die Schüler geben ihre Arbeitsblätter der Lehrkraft, die sie mischt und dann an der Wand befestigt. Die Schüler haben jetzt eine Woche Zeit, die Selbstbeschreibungen zu lesen und den vermuteten Autor mit Bleistift in das Kästchen *"This could be:"* einzutragen. Nach dieser Woche versehen die Schüler ihr Blatt an dieser Stelle mit ihrem Namen und fügen rechts ein Foto von ihnen hinzu. Die Blätter können längere Zeit an der Wand bleiben oder, entsprechend oft kopiert und geheftet / gebunden, als *class folder* jedem Schüler ausgehändigt werden.
mögliche Probleme	Veröffentlichte Schülertexte mit hoher Fehlerrate hinterlassen bei Lehrkräften und Schülern ein ungutes Gefühl. ➜ Sollten Sie eine sehr schwache Klasse haben, so lassen Sie die Schüler zunächst einen nicht-anonymen Entwurf einreichen, den Sie verbessern und für die anonyme Endfassung zurückgeben.

# That's me!	Photo

I like

I really enjoy

I hate

I prefer ... to ...

I loathe

This could be

Lernstufe	ab 2. Lernjahr
vorausgegangene Unterrichtsstunde	Sie haben *going-to-future* und *will-future* wiederholt und kontrastiert. Durch mehrere Übungen wurde der Gebrauch gefestigt.
kognitive Voraussetzungen	Die Schüler müssen mit Form und Funktion der beiden Futurformen vertraut sein. Sie müssen über ein differenziertes Vokabular zum Thema *"Party"* verfügen.
Lernziele und Übungsziele	• Die Schüler sollen in einem inhaltsorientierten Text das *going-to-* und *will-future* adäquat anwenden. • Sie sollen ihre Notizen in mündliche Kommunikation umsetzen können.
Hausaufgaben-stellung	Teilen Sie die Klasse in zwei gleich große Gruppen. Geben Sie einer Gruppe das Arbeitsblatt "Homework A" (S. 77), der anderen "Homework B" (S. 78) zur Bearbeitung.
darauffolgende Unterrichtsstunde	Die Schüler der Gruppe A gehen im Klassenzimmer herum und versuchen drei Schüler der Gruppe B zu ihrer Party einzuladen. Sie tragen dabei ihr Einladungsschreiben möglichst frei vor. Die Schüler der Gruppe B versuchen mithilfe ihrer notierten Fragen des Arbeitsblattes (und evtl. weiterer Fragen) möglichst viel über diese Party zu erfahren. Sie notieren in ihrem Raster den Namen des Einladenden und halten die wichtigsten Punkte der Antworten darunter fest. Haben alle Einladenden drei potenzielle Gäste befragt, überlegen sich die Schüler der Gruppe B, welche Party sie gerne besuchen würden. Sie gehen dann zu ihrem Gastgeber, teilen es ihm mit und begründen ihre Entscheidung. Die Lehrkraft befragt dann einzelne Gastgeber nach dem Erfolg ihrer Einladung.
mögliche Probleme	Klassen müssen behutsam an diese Form der „unkontrollierten Interaktion" gewöhnt werden, sonst entwickelt sich eine sinnvolle Form kommunikativen Übens zu einem Chaos aus Geschrei und Gelächter. ➜ Führen Sie Schüler zunächst über Partner- und Gruppenkonversation und dann über die Befragung von Paaren/Gruppen durch einzelne und später mehrere Schüler an diese Form der Schüler-Schüler-Interaktion heran.

Homework A

First try to remember as many words about "party" as possible. Write them down in a word web. Then write an invitation card for your party. Don't forget to make your party attractive!

Hi!

I'm going to give a party ______________________________

Hope you can come!

____

Homework B

First try to remember as many words about "party" as possible. Write them down in a word web. Then write down 5 questions in the grid (= Raster) which you would ask if you wanted to find out whether a party is really attractive to you and worth going to.

Questions			
1. ______ ______ ______			
2. ______ ______ ______			
3. ______ ______ ______			
4. ______ ______ ______			
5. ______ ______ ______			

Lernstufe	ab 2. Lernjahr
vorausgegangene Unterrichtsstunde	Sie haben in den vorangegangenen Stunden das *simple past* und das *past progressive* eingeführt und intensiv geübt. Sie haben in der Stunde, in der die Hausaufgabe gestellt wird, die beiden Formen des *past tense* wiederholt und ihre Funktion erneut verdeutlicht.
kognitive Voraussetzungen	Die Schüler müssen mit Form und Funktion von *simple past* und *past progressive* vertraut sein. Sie sollten Erfahrungen im Schreiben kürzerer freier Texte und im Umgang mit dem zweisprachigen Lexikon gesammelt haben.
Lernziele und Übungsziele	Die Schüler sollen *simple past* und *past progressive* in freier Textproduktion kontextgerecht anwenden.
Hausaufgabenstellung	Finden Sie Themen, die möglichst viele Schüler ansprechen und ihr Erfahrungswissen oder ihre Fantasie aktivieren (z. B. *The most awful day I have ever had at school / The day I met a ghost / The day we fooled Mr./Mrs ... / The day I saved the world*). Fügen Sie diese Themen jeweils in das Themafeld des Arbeitsblattes (S. 81) ein, sodass Sie den Schülern drei bis vier verschiedene Arbeitsblätter anbieten und diese ein Thema nach Geschmack wählen können. Erklären Sie den Schülern, dass sie eine Erlebnis- oder Fantasieerzählung zu diesem Thema (in der Vergangenheit) schreiben sollen. Vor dem Verfassen der Erzählung sollen die Schüler jedoch a) sich das Handlungsgerüst zurechtlegen; b) die Verben, die sie dafür vermutlich brauchen werden, in das Feld „Verbs“ eintragen und dabei die Form des *simple past* und des *past progressive* in Klammern jeweils hinzufügen.

darauffolgende Unterrichtsstunde	Die Schüler tauschen die Arbeitsblätter mit einem Partner und lesen die Erzählung. Beim ersten Mal markieren sie mit einem Bleistift all die Stellen, die ihnen unklar oder holprig erscheinen und erkundigen sich dann beim Autor über die genaue Aussage dieser Passagen. Beim zweiten Lesedurchgang versuchen sie diese Stellen und alles, was ihrer Ansicht nach sprachlich nicht korrekt ist, zu verbessern. Bei Unsicherheit wenden sie sich an die Lehrkraft.
mögliche Probleme	Manche Schüler „sehen“ Fehler in Texten nicht. ➜ Geben Sie ihnen als Hilfestellung ein Analyseraster in Form von Leitfragen, z. B. – Werden die Frageformen richtig verwendet? – Wirken die Sätze zu kurz und abgehackt, weil sie nicht durch Bindewörter verknüpft werden? – Werden die Wörter richtig verwendet? Achte vor allem auf *false friends*!

Homework

Verbs:

The most awful day I have ever had at school

Finished? Great! Now read the text again and check if you have used the verbs in the correct manner. Then read your text to somebody (family members, friends etc.) whose English is at least as good as yours and find out if everything is perfectly clear to them. Improve all those sentences that are not absolutely clear.

Lernstufe	ab 2. Lernjahr
vorausgegangene Unterrichtsstunde	Sie haben in den vergangenen Wochen *simple past* und *past progressive* intensiv geübt und in dieser Unterrichtsstunde erneut die unterschiedlichen Funktionen bewusst gemacht.
kognitive Voraussetzungen	Die Schüler müssen die Verwendung von *simple past* und *past progressive* weitgehend sicher beherrschen, sodass sie bei der Textproduktion ihr Hauptaugenmerk auf Wortschatzprobleme richten können. Sie sollten Routine im Umgang mit dem zweisprachigen Lexikon haben.
Lernziele und Übungsziele	Die Schüler sollen *simple past* und *past progressive* in bildgesteuerter Textproduktion „natürlich" anwenden, d. h. sie sollen sich auf den Textinhalt konzentrieren.
Hausaufgabenstellung	Geben Sie den Schülern das Arbeitsblatt (S. 83) und sprechen Sie mit ihnen kurz über das Bild. Besprechen Sie dann die Anweisungen und die Formalitäten eines Briefes.
darauffolgende Unterrichtsstunde	Die Schüler tauschen ihre Arbeitsblätter mit dem Nachbarn, lesen den Text inhaltsorientiert und geben dann als Psychiater dem Autor (mündlich) einen Rat bzgl. des Umgangs mit Mr. Fitts. Anschließend diskutiert die Lehrkraft im Plenum einige dieser Ratschläge.
mögliche Probleme	Schüler machen bei der Textproduktion natürlich Fehler, die bei diesem inhaltsorientierten Feedback auf die Texte unverbessert bleiben. ➜ Wenn Ihnen das ein schlechtes Gewissen bereitet, (obwohl die langfristige Wirkung der Fehlerkorrektur höchst umstritten ist), so sammeln Sie einzelne Arbeitsblätter ein, analysieren Sie einige Fehlerschwerpunkte und besprechen Sie diese in der Folgestunde.

Homework: Mr. Fitts has a problem

© SV-Bilderdienst: Scherl

This is Mr Fitts, your new neighbour. He is a bit eccentric, some people even think he is mad. Yesterday something very strange happened. This is why you want to write a letter to the psychiatrist who works for the local police department.

But first
look at the picture, think about what happened and what you saw and heard, then write down the verbs you could use for describing all this, and look up the forms of the past tense.
And now start writing your letter. Don't forget to use simple past or past progressive where necessary!

Dear sir,

____

____

____

____

____

____

____

____

____

____

Yours faithfully

Lernstufe	ab 2. Lernjahr
vorausgegangene Unterrichtsstunde	Sie haben die verschiedenen Komparativformen der Adjektive und Adverbien sowie die Formulierungsmöglichkeiten bei Vergleichen wiederholt, systematisiert und geübt.
kognitive Voraussetzungen	Die Schüler sind mit obigem Grammatikbereich vertraut und haben ihn mehrfach geübt. Sie verfügen über genügend thematisches Vokabular zum Bereich *"pocket money"*.
Lernziele und Übungsziele	Die Schüler sollen *comparisons* in freier Textproduktion richtig in vielfältigen Kontexten anwenden können.
Hausaufgabenstellung	Diskutieren Sie mit Ihren Schülern kurz das Thema „Taschengeld" (z. B.: Wie viel ist unter welchen Bedingungen angemessen? Sollte Mitarbeit in Haus und Garten finanziell belohnt werden? Was sollte man nicht mit seinem Taschengeld bezahlen müssen? etc.). Geben Sie dann Ihren Schülern das Arbeitsblatt (S. 85) und besprechen Sie mit ihnen die Anweisungen.
darauffolgende Unterrichtsstunde	Lassen Sie sich von den Schülern mit ihren Argumenten pro Taschengelderhöhung „beschießen" und kontern Sie humorvoll bzw. geben Sie nach bei besonders guten und originellen Gründen.
mögliche Probleme	Trotz umfangreicher Übung werden auch jetzt noch falsche Komparative und Vergleichsstrukturen gebraucht werden. Eine Korrektur würde die Gesprächsatmosphäre in der oben geschilderten Folgestunde zerstören. ➜ Korrigieren Sie daher indirekt durch Aufgreifen der falschen Schüleräußerungen in ihrer richtigen Form (z. B. *"Oh I see, so you work a lot harder in your parents' garden than your friend does" [anstatt: *as my friend])*.

Homework

Pocket money

Your best friend has just told you that he/she gets a lot more pocket money than you do. Now you want to write a letter of complaint to your parents.

➜ First find good arguments for a rise of your pocket money and make notes.

➜ Then try to turn your arguments into comparisons by comparing your situation with your friend's.

➜ Finally write your letter of complaint and use at least 5 comparisons.

Dear Mum and Dad,

I want to make a complaint! My best friend .... gets a lot more pocket money than I do, but I work

____

____

____

____

____

____

____

____

____

____

____

____

Love,

....

Lernstufe	ab 2. Lernjahr
vorausgegangene Unterrichtsstunde	Sie haben die verschiedenen Komparativformen der Adjektive und Adverbien sowie die Formulierungsmöglichkeiten bei Vergleichen wiederholt, systematisiert und geübt.
kognitive Voraussetzungen	Die Schüler sind mit obigem Grammatikbereich vertraut und habe ihn mehrfach geübt. Sie verfügen über ein differenziertes Vokabular zur Personenbeschreibung.
Lernziele und Übungsziele	Die Schüler sollen *comparisons* in freier Textproduktion richtig in vielfältigen Kontexten anwenden können.
Hausaufgabenstellung	Heften Sie die Fotos von jeweils zwei Frauen und Männern an die Tafel. Sie haben die Männerfotos in ein Arbeitsblatt für die Jungen (Beispiel S. 87) und die Frauenfotos in ein Arbeitsblatt für die Mädchen jeweils in verkleinerter Kopie integriert. Erzählen Sie den Schülern, dass sie drei Wochen in einem Ferienlager / auf einer Urwaldexpedition / auf einem Segelschiff etc. (lassen Sie die Schüler die Situation wählen) verbringen sollen und sie entscheiden können, welche der beiden Personen sie als Betreuer begleiten soll. Sprechen Sie mit den Schülern kurz über die vermuteten Wesenszüge, Fähigkeiten und Verhaltensweisen der potentiellen Betreuer(innen). Geben Sie ihnen anschließend das Arbeitsblatt und besprechen Sie kurz die Anweisungen.
darauffolgende Unterrichtsstunde	Heften Sie erneut die Fotos an die Tafel und fragen Sie die Schüler nach ihren Entscheidungen und den Gründen. Führen Sie das Gespräch so, dass die Schüler zur Verwendung von *comparisons* verleitet werden.
mögliche Probleme	Diese Hausaufgabe erfordert ein umfangreiches Vokabular der Personenbeschreibung. ➜ Sollte dieser wichtige Wortschatzbereich noch nicht im Laufe der Lehrwerksarbeit entwickeln worden sein, so kann dies problemlos mithilfe von Prominentenfotos in einer der Vorstunden erfolgen. Halten Sie die erarbeiteten Wörter auf einem Lernposter in Form eines *word web* fest und lassen Sie dieses Poster bis zur Besprechung der Hausaufgabe im Klassenzimmer an der Wand hängen.

Homework

You are to spend three weeks in a holiday camp / on an expedition through the African jungle / on a sailing ship. One of these two gentlemen is to accompany your group and look after you. Compare the two gentlemen (at least six comparisons) and then make your decision.

I think ____

____

____

____

____

____

____

____

____

____

____

____

____

Lernstufe	ab 3. Lernjahr
vorausgegangene Unterrichtsstunde	Sie haben die verschiedenen Zeiten der Vergangenheit wiederholt und ihre Funktionen erneut bewusst gemacht.
kognitive Voraussetzungen	Die Schüler sind vertraut mit den verschiedenen Zeiten der Vergangenheit. Sie haben gelernt, sie reflektiert zu verwenden. Sie besitzen Routine im Umgang mit dem zweisprachigen Lexikon.
Lernziele und Übungsziele	Die Schüler sollen die verschiedenen Zeiten der Vergangenheit im Rahmen freier Textproduktion funktionsgerecht verwenden.
Hausaufgabenstellung	Geben Sie den Schülern das Arbeitsblatt (S. 89) *"Andrew – the story of his life"* oder entwerfen Sie ein eigenes Arbeitsblatt mit Bildern, die Ihrer Meinung nach die Klasse mehr ansprechen. Besprechen Sie mit den Schülern die Anweisungen und dabei v. a. die Bedeutung der Vorbereitungsstadien.
darauffolgende Unterrichtsstunde	Befestigen Sie die Arbeitsblätter an einer Pinnwand und geben Sie den Schülern einige Tage Zeit, die Texte vor dem Unterricht, in der Pause oder auch in den letzten fünf bis zehn Minuten Ihrer Unterrichtsstunden zu lesen. Lassen Sie dann die interessanteste Biographie wählen.
mögliche Probleme	Die Texte von unerfahrenen Schreibern können sprachlich sehr monoton sein. ➜ Verdeutlichen Sie den Schülern durch Lernposter mit Beispielsätzen/-satzteilen, wie Satzanfänge interessanter und lebhafter gestaltet werden können (z. B. durch Adverbien / Adverbiale *[occasionally, all of a sudden]*, Einschübe *[now, after three years out of work, he]*, Emphase *[It was on a rainy Tuesday when ...]*.

Homework

Andrew – the story of his life

These pictures show four stages in Andrew´s life. Make up the story of his life. Write down your ideas (and the verbs you need for the story) on a piece of paper. Add conjunctions and connectives after this.

Then write down Andrew´s biography on this worksheet. Make it interesting!

1980

2001

1994

2007

Lernstufe	ab 3. Lernjahr
vorausgegangene Unterrichtsstunde	Sie haben das Konditional eingeführt und mehrfach geübt.
kognitive Voraussetzungen	Die Schüler sind mit Form und Funktion des Konditionals vertraut.
Lernziele und Übungsziele	Die Schüler sollen das Konditional in Sätzen anwenden, die der Struktur *"If he / she ... I will ..."* folgen.
Hausaufgabenstellung	Geben Sie den Schülern das Arbeitsblatt (S. 91) und entwerfen Sie gemeinsam mit ihnen die ersten beiden Sätze.
darauffolgende Unterrichtsstunde	Lassen Sie Schüler jeweils einen der *if-clauses* vorlesen; die restlichen Schüler sollen dazu passende (möglichst originelle) *main clauses* anbieten.

Homework

These two young people are having their first rendez-vous. What could they be thinking?

Have a good look at the picture and then write down some of their thoughts. Try to use if-clauses wherever possible!

If he moves closer, I will _______ If she ________________________

________________________ ________________________

________________________ ________________________

________________________ ________________________

________________________ ________________________

________________________ ________________________

Is there a happy end? What do you think??? ____________________

____

____

____

____

____

Lernstufe	ab 3. Lernjahr
vorausgegangene Unterrichtsstunde	Sie haben in den vergangenen Stunden *reported speech* mit den wichtigsten Aspekten (indirekte Frage, Zeitverschiebung, Änderung von Zeitangaben und Pronomina) eingeführt und intensiv geübt.
kognitive Voraussetzungen	Die Schüler müssen mit *reported speech* vertraut sein und ihre Verwendung weitgehend automatisiert haben.
Lernziele und Übungsziele	Die Schüler sollen *reported speech* in freier Textproduktion und mit dem Hauptaugenmerk auf die inhaltliche Gestaltung des Textes anwenden.
Hausaufgabenstellung	Legen Sie eine Folienkopie des Bildes, das sich auf dem Arbeitsblatt (S. 93) befindet, auf den OHP und sprechen Sie mit den Schülern über das Bild: – Was geht in den Personen vor? – Worauf verweisen Handhaltung und Gesichtsausdruck? – Was könnte ein fünf Minuten später aufgenommenes Foto zeigen? – In welcher Weise werden die beiden die Bank verlassen? etc. Geben Sie dann den Schülern das Arbeitsblatt.
darauffolgende Unterrichtsstunde	Lassen Sie die Schüler – zuerst die Schülerinnen, dann die Schüler – ihre Interpretation des Geschehens in *reported speech* vortragen, bis die Ideen ausgeschöpft sind.
mögliche Probleme	*reported speech* ist ein sehr komplexes Grammatikphänomen, das aufgrund der Vielzahl der notwendigen Veränderungen beim Perspektivenwechsel schwächere Schüler schnell überfordert. ➜ Systematisieren Sie die Veränderungen auf einem Lernposter, das längere Zeit im Klassenzimmer ausgehängt wird. Fertigen Sie eine DIN-A4-Version dieser Übersicht an und geben Sie schwächeren Schülern eine Kopie als Hilfestellung für diese Hausaufgabe.

Homework

Look at these two young people. It's their first rendez-vous!

Now try to imagine (= sich vorstellen) what the boy **or** girl tells his or her best friend after the rendez-vous. Don't forget: reported speech! Write 5 or 6 sentences.

You can start like this:

"Well, first he wanted to know how old I was and whether ________________

____

____

____

____

____

____

____

____

____

____

____

4.4 Hausaufgaben zur Verbesserung der Sprechfertigkeit

Hausaufgaben werden normalerweise mit schriftlichem Üben in Verbindung gebracht, nicht jedoch mit der Schulung der Sprechfertigkeit. Da das Sprechen in der Fremdsprache jedoch ein sehr komplexer Prozess ist, muss es häufig vorbereitet werden, denn völlig freies, spontanes Sprechen überfordert viele Schüler. Die Hausaufgaben, die im Folgenden vorgeschlagen werden, haben deshalb zumeist zwei Funktionen: Einerseits liefern sie den Sprechanlass, denn da die vorgeschlagenen Sprechaktivitäten in erster Linie auf Partnerarbeit beruhen, übernehmen die Schüler in der Hausaufgabe die Funktion, die sonst der Lehrkraft zukommt, nämlich einen Sprechstimulus vorzubereiten. Andererseits dient die Hausaufgabe durch die inhaltliche oder sprachliche Vorbereitung dazu, die Sprechtätigkeit der Schüler im Unterricht zu erleichtern.

Da die Zahl der möglichen Hausaufgaben in diesem Bereich schier unbegrenzt ist, haben die Hausaufgabenvorschläge primär exemplarischen Charakter. Sie sollen in erster Linie Prinzipien der Hausaufgabengestaltung für die Förderung der Sprechfertigkeit aufzeigen. Die Lehrkräfte sollen so angeregt werden, die Übungen – entsprechend den Erfordernissen des jeweiligen Lern- und Übungsziels – kreativ abzuwandeln.

Lernstufe	ab 1. Lernjahr
vorausgegangene Unterrichtsstunde	Sie haben das *present progressive* eingeführt und mehrfach geübt.
kognitive Voraussetzungen	Die Schüler sind mit dem *present progressive* vertraut. Sie haben ebenfalls gelernt, das Lehrbuch als Nachschlagewerk zu benutzen.
Lernziele und Übungsziele	Die Schüler sollen das *present progressive* in spontan formulierten Sätzen anwenden und sich an spontanes Sprechen gewöhnen.
Hausaufgaben-stellung	Die Schüler wählen acht englische Verben aus und vergewissern sich – je nach Lehrbuch – mit Hilfe der Wortschatzliste oder des Grammatikteils im Lehrbuch der richtigen Form im *present progressive*. Sie legen sich dann für jedes Verb eine pantomimische Darstellung zurecht und formulieren dazu laut einen passenden Satz, z. B. *"I'm eating a banana"*.
darauffolgende Unterrichtsstunde	Die Schüler führen ihrem Nachbarn die Pantomime vor. Dieser muss die Tätigkeit erraten und den entsprechenden Satz formulieren – *"You're eating a banana"* – der vom ersten Schüler dann bestätigt (*"Yes, that's right, I'm eating ..."*) oder, bei falscher Interpretation der Pantomime, zurückgewiesen wird.
mögliche Probleme	Vermutlich möchten Sie Minimalversionen vom Typ *"You're eating"* vermeiden. ➜ Weisen Sie die Schüler darauf hin, dass die Pantomime ein Verb und eine Ergänzung ausdrücken soll, also nicht *"I'm reading"*, sondern *"I'm reading a newspaper"*, und dass dies durch die Pantomime auch deutlich werden muss. Erarbeiten Sie gemeinsam mit den Schülern bei der Hausaufgabenstellung einige Beispiele, um das Prinzip klar herauszustellen.

Lernstufe	ab 1. Lernjahr
vorausgegangene Unterrichtsstunde	Sie haben (z. B. im Rahmen eines Lehrbuchtextes) Wortschatz zum Thema „Beschreibung eines Raumes, Mobiliar“ erarbeitet und geübt.
kognitive Voraussetzungen	Die Schüler sind vertraut mit dem Vokabular, das zur Beschreibung eines Zimmers und seiner Einrichtung erforderlich ist. Sie beherrschen die wichtigsten Ortspräpositionen.
Lernziele und Übungsziele	Die Schüler sollen präzise ein Zimmer mit seiner Einrichtung beschreiben und dabei flüssig formulieren können.
Hausaufgabenstellung	Die Schüler fertigen zu Hause eine Skizze ihres Zimmers mitsamt den Einrichtungsgegenständen an sowie auf einem weiteren Blatt eine zweite Skizze, die nur aus dem Grundriss des Zimmers und der Markierung der Türe besteht. Sie üben anhand ihrer Skizze die mündliche und möglichst genaue Beschreibung ihres Zimmers ein.
darauffolgende Unterrichtsstunde	Jeder Schüler gibt seinem Nachbarn die Grundrissskizze seines Zimmers und beschreibt die Lage des / der Fenster(s), das Mobiliar und seine Position und evtl. weitere Gegenstände im Zimmer. Der Nachbar muss entsprechend der Beschreibung die Grundrissskizze ergänzen und bei Unklarheiten nachfragen. Am Ende der Beschreibung werden die zu Hause angefertigte Raumskizze und die vom Partner vervollständigte verglichen.
mögliche Probleme	Sind die Ortspräpositionen in Vergessenheit geraten oder werden sie verwechselt, entstehen rasch eine absurde Skizze und Frustration beim Zeichner, die häufig dazu führt, dass die Tätigkeit aufgegeben (oder das Deutsche zu Hilfe gezogen) wird und die Skizzen nach wenigen Sätzen bereits verglichen werden. ➜ Wiederholen Sie deshalb vor dieser Hausaufgabe gründlich die Ortspräpositionen und vervollständigen Sie diesen Bereich sofern notwendig.

Lernstufe	ab 1. Lernjahr
vorausgegangene Unterrichtsstunde	Sie haben die verschiedenen Frageformen wiederholt.
kognitive Voraussetzungen	Die Schüler müssen die Frageformen beherrschen.
Lernziele und Übungsziele	Die Schüler sollen in einfachen Sätzen Teilaspekte eines Bildes beschreiben können.
Hausaufgabenstellung	Die Schüler wählen zu Hause aus einer Zeitung oder Zeitschrift ein Bild. Weisen Sie die Schüler deutlich darauf hin, dass das Bild in seinen wichtigsten Aspekten mit ihrem derzeitigen Wortschatz beschreibbar sein muss. Die Schüler notieren sich zum Bildinhalt zehn Fragen und üben das laute und flüssige Vorlesen dieser Fragen.
darauffolgende Unterrichtsstunde	Die Schüler zeigen ihrem Partner das Bild, das dieser 20 Sekunden lang intensiv betrachten kann. Er soll sich möglichst viele Details einprägen. Dann wird das Bild entfernt, und der Partner muss aus der Erinnerung die zehn Fragen zum Bildinhalt richtig beantworten. Diese Aktivität kann auch mit Wettbewerbscharakter durchgeführt werden: Wer erinnert sich genauer an das Bild des Partners?
mögliche Probleme	Wenn Schüler lediglich Entscheidungsfragen stellen, bleibt die Sprechzeit sehr bescheiden. ➜ Beschränken Sie die Zahl der Entscheidungsfragen auf drei.

Lernstufe	ab 2. Lernjahr
vorausgegangene Unterrichtsstunde	Sie haben die verschiedenen Funktionen von *"could"* eingeführt oder systematisierend wiederholt.
kognitive Voraussetzungen	Die Schüler müssen mit der Verwendung von *"could"* als „Möglichkeit, theoretische Annahme" vertraut sein. Sie müssen im Rahmen der Wortschatzarbeit gelernt haben, die Funktionen von Gegenständen wie *"biro"*, *"sock"*, *"carpet"* etc. beschreiben.
Lernziele und Übungsziele	Die Schüler sollen die Verwendung von *"I could..."* automatisieren und lernen, die Fremdsprache fantasievoll in neuen Kontexten zu gebrauchen.
Hausaufgabenstellung	Die Schüler entscheiden sich für zwei bis drei Gegenstände, die sie über ihre möglichen Funktionen beschreiben sollen. Dabei soll die Hauptfunktion nicht genannt werden. Entscheiden Sie sich für *"newspaper"*, so scheidet die Äußerung *"You could read it"* aus. Stattdessen sind mögliche Funktionsbeschreibungen: *"I could hit you with it" / "I could paper the wall of my room with it" / "I could sit on it"* etc. Die Schüler sollen sich mindestens fünf Funktionsbeschreibungen überlegen (und dazu Notizen machen), die das Erraten des Gegenstandes nicht allzu leicht gestalten.
darauffolgende Unterrichtsstunde	Die Schüler teilen ihrem Partner ihre Funktionsbeschreibungen mit, dieser versucht den Gegenstand zu erraten. Hat er nach der fünften Funktionsbeschreibung noch nicht richtig geraten, so darf er als letzte Chance noch drei Fragen zu Aussehen, Ort oder Funktion des Gegenstandes stellen.
mögliche Probleme	Der Mangel an Fantasie, den Schüler bei solchen Tätigkeiten häufig beklagen, ist in vielen Fällen lediglich mangelnde Routine in Umschreibungsstrategien. ➜ Üben Sie dieses Verfahren gelegentlich im Plenum (Sie beschreiben, die Schüler raten; später übernehmen mutige Schüler die Lehrerrolle) mit zwei oder drei Wörtern am Stundenende oder als Teil der Wortschatzwiederholung.

Lernstufe	ab 2. Lernjahr
vorausgegangene Unterrichtsstunde	Die Hausaufgabe fügt sich sinnvoll ein in eine Wiederholungseinheit zu *tenses*.
kognitive Voraussetzungen	Die Schüler sollten, je nach vorgegebenem Rahmen, bestimmte *tenses* automatisiert haben und an freies Sprechen in der Fremdsprache gewöhnt sein.
Lernziele und Übungsziele	Die Schüler sollen auf der Basis von Reizwörtern frei formulieren.
Hausaufgaben-stellung	Die Schüler denken sich zu Hause ein Erlebnis oder ein Vorhaben oder eine Wunschvorstellung aus (entsprechend dem gewählten Rahmen wird ihr Partner in der Folgestunde *past tense, going-to-future* oder das Konditional verwenden müssen). Sie schreiben in der chronologischen Reihenfolge des Erlebnisses etc. acht bis zehn Substantive aus diesem Erlebnis, Vorhaben etc. auf ein Blatt Papier.
darauffolgende Unterrichtsstunde	Die Schüler informieren zunächst ihren Partner über den Rahmen ihres Erlebnisses etc. (z.B. *"This is what happened to me last summer"/"This is what I'm going to do after I've finished schoool"* etc.), damit der Partner sich auf die zu verwendenden *tenses* einstellen kann. Dann versucht der Partner mithilfe der Substantive, die sich auf dem Blatt befinden, das Geschehen bzw. das Vorhaben zu rekonstruieren. Sind seine Vermutungen dabei falsch, so darf er einen zweiten Rateversuch unternehmen. Ist auch dieser falsch, so wird er von seinem Partner verbessert.
mögliche Probleme	Diese Übung erfordert Konzentration, Fantasie und Mut zum spontanen Sprechen. Sie ist in mündlicher Form deshalb wohl nur in disziplinierten und motivierten Klassen durchführbar. ➜ In Klassen, die diesen Kriterien nicht genügen, kann sie in schriftlicher Form (im Unterricht oder als Hausaufgabe für die darauffolgende Stunde) nach dem Tausch der Blätter durchgeführt werden.

Lernstufe	ab 2. Lernjahr
vorausgegangene Unterrichtsstunde	Die Hausaufgabe bedarf keiner spezifischen Vorbereitung durch die Lehrkraft. Sie kann im Laufe eines Schuljahres an mehrere oder auch an alle Schüler einer Klasse gestellt werden.
kognitive Voraussetzungen	Die Schüler sollten den Umgang mit dem ein- und zweisprachigen Lexikon beherrschen und mit den wichtigsten Präsentationstechniken vertraut sein. Sie sollten ferner in der Lage sein, auf der Basis von Notizen frei zu formulieren.
Lernziele und Übungsziele	Die Schüler sollen in der Fremdsprache Informationen verständlich und in attraktiver, hörerfreundlicher Gestaltung vermitteln können.
Hausaufgabenstellung	Ein Schüler bereitet zu Hause einen *"2-minute-talk"* über ein Thema vor, das ihn besonders interessiert. Das kann im 2. Lernjahr eine Schilderung seines Hobbys, des Haustieres etc. sein. Ältere Lerner werden u. U. in erster Linie aktuelle Themen und Ereignisse wählen. Auf keinen Fall sollten diese *"2-minute-talks"* in langatmige Referate ausarten. Der Schüler bereitet seine Präsentation nicht nur inhaltlich und sprachlich (Lexikon!) vor, sondern überlegt sich auch eine möglichst anschauliche und eindrucksvolle Darstellungsweise (Poster, Realien, auditive Medien, Miteinbezug der Zuhörer), die sein Publikum fesseln soll.
darauffolgende Unterrichtsstunde	Der Schüler präsentiert sein Thema, erklärt dabei eventuell der Klasse unbekannte Wörter (die er als Wortkarten an der Tafel befestigen sollte) und stellt sich anschließend den Fragen von Schülern (und Lehrkraft). Abschließend sollte er ein Feedback von Schülern und Lehrkraft bezüglich seiner Präsentationsgestaltung (Medieneinsatz etc.) erhalten.

mögliche Probleme	Präsentationen bleiben nur dann interessante Ereignisse, wenn sie die Ausnahmesituation darstellen und nicht zur monotonen Pflichtroutine werden. ➜ Verzichten Sie daher bei großen Klassen lieber darauf, alle Schüler für *"2-minute-talks"* heranzuziehen. Lassen Sie stattdessen einen Teil der Schüler, der sich sowieso nicht für dieses Verfahren interessieren würde, gelegentlich eine Unterrichtsstunde im Team vorbereiten (einschließlich Arbeitsblattherstellung und Medienbeschaffung – mit Ihrer Unterstützung) und auch halten. Auch in diesem Fall ist das Feedback der Klasse von großer Bedeutung. Schüler sollten Respekt vor den Leistungen anderer, Gesprächskultur und konstruktive Gestaltung von Kritik lernen.

Lernstufe	ab 3. Lernjahr
vorausgegangene Unterrichtsstunde	Sie haben mit Ihren Schülern kommunikative Reaktionen auf verschiedene Äußerungstypen (z. B. den Bereich der *rejoinders*, jemand beglückwünschen oder bedauern, auf eine Einladung reagieren etc.) besprochen und diese nach Kategorien geordnet.
kognitive Voraussetzungen	Den Schülern müssen Funktionen und Intentionen der behandelten Redemittel bewusst sein.
Lernziele und Übungsziele	Die Schüler sollen kommunikativ angemessen auf verschiedene Äußerungstypen reagieren können.
Hausaufgaben-stellung	Die Schüler sollen auf je eine Karteikarte eine Äußerung schreiben, die – eine neutrale Aussage darstellt (z. B. *"I went fishing yesterday afternoon"*), – ein sehr positives, erfreuliches Ereignis ausdrückt (z. B. *"I passed the driving test yesterday!"*), – ein sehr negatives, unerfreuliches Ereignis vermittelt (z. B. *"My cat was run over by a car!"*), – eine Einladung darstellt (z. B. *"Would you like to join us on a cycling tour next weekend?"*).

	Sie wiederholen ausschließlich die verschiedenen Reaktionsmöglichkeiten, die sich für diese Äußerungstypen anbieten (z. B. *"Oh, I'd love to"/"Oh, that's a good idea! I certainly would !"/"I'm terribly sorry, I..."* etc. als Reaktionen auf die Einladung). Fast alle Lehrbücher bieten hierzu Auflistungen von Sprechmitteln.
darauffolgende Unterrichtsstunde	Die Schüler gehen im Klassenzimmer herum und sprechen möglichst viele Mitschüler mit ihren auf den Karteikarten festgehaltenen Äußerungen an. Der so angesprochene Mitschüler muss adäquat reagieren. Jeder Schüler sollte mit mindestens zehn anderen Schülern sprechen.
mögliche Probleme	Die Schüler sollten sich hier bemühen, das Spektrum möglicher Reaktionen auszuschöpfen; sie tendieren jedoch häufig dazu, sich auf eine Routineformel zu beschränken. ➜ Schreiben Sie die möglichen Reaktionen pro Äußerungstyp auf ein Poster (verwenden Sie für jede Kategorie eine andere Farbe) und hängen Sie die Poster während der kommunikativen Aktivität an die Tafel. Nehmen Sie selbst an der Aktivität teil, damit die Schüler von Ihnen möglichst viele verschiedene Varianten hören.

Lernstufe	ab 3. Lernjahr
vorausgegangene Unterrichtsstunde	Diese Hausaufgabe ist „saisonabhängig“, denn sie setzt die Anwesenheit englischsprachiger Touristen am Schulort voraus. Sie ist eine sinnvolle Ergänzung nach einer systematisierenden Wiederholung von *reported speech*.
kognitive Voraussetzungen	Die Schüler sollten die Frageformen und *reported speech* sicher beherrschen. Sie sollten mit den Konventionen höflicher Gesprächsführung im Englischen vertraut sein.
Lernziele und Übungsziele	Die Schüler sollen mit einem fremden Gesprächspartner unter Realbedingungen ein Gespräch führen können. Sie sollen anschließend über dieses Gespräch berichten können.
Hausaufgabenstellung	Die Schüler begeben sich – idealerweise mit einem kleinen Aufnahmegerät, es genügt jedoch auch ein Notizblock – zu zweit oder zu dritt an einen Ort in ihrer Stadt, an dem erfahrungsgemäß ausländische Touristen anzutreffen sind (z.B. Fremdenverkehrsamt, Hauptsehenswürdigkeit der Stadt etc.). Zuvor legen sie einen Minimalkatalog von interessanten Fragen fest, die sie ihren Gesprächspartnern stellen wollen. Sie sprechen dann Englisch sprechende Touristen an (es müssen nicht unbedingt *native speakers* sein) und stellen ihnen die vorbereiteten Fragen (nehmen das Gespräch, wenn möglich, auf) sowie, je nach Gesprächsverlauf, unter Umständen spontan noch weitere Fragen. Unmittelbar nach dem Gespräch notieren sie die Antworten.
darauffolgende Unterrichtsstunde	Die Schüler berichten in *reported speech* über ihr Interview und spielen, sofern Tonaufnahmen gemacht wurden, die interessantesten Stellen vor.
mögliche Probleme	Schüler sind häufig unerfahren im höflichen Umgang mit fremden Erwachsenen, zumal in der Fremdsprache. ➜ Üben Sie vorweg mit Schülern höfliche Gesprächseröffnungen und -beendigungen ein. Bei großen Klassen kann die Zahl der Interviewpräsentationen in ermüdende Monotonie einmünden. Verteilen Sie in diesem Fall die Interviews auf verschiedene Zeitpunkte im Abstand mehrerer Wochen.

Lernstufe	ab 3. Lernjahr
vorausgegangene Unterrichtsstunde	Diese Hausaufgabe bedarf keiner spezifischen Vorbereitung durch die Lehrkraft. Sie kann im Laufe eines Schuljahres öfters gestellt werden mit wechselnden Schülern auf dem *"Hot chair"*.
kognitive Voraussetzungen	Die Schüler sollten die Frageformen sicher beherrschen und an freies Sprechen gewöhnt sein. Sie sollten mit Internetrecherche vertraut sein.
Lernziele und Übungsziele	Die Schüler sollen freie Äußerungen in der Fremdsprache formulieren und auf Fragen mit komplexen Antworten reagieren können.
Hausaufgabenstellung	Ein Schüler erhält (durch Los oder freiwillige Meldung) eine „neue Identität", die vorher von der Klasse festgelegt wurde. Diese Identität kann die einer prominenten Persönlichkeit sein (Film-/Fernseh-/Popstar, Skandalfigur) oder auch die einer reinen Fantasiefigur (z. B. Monty the Martian). Der Schüler erhält eine Woche Zeit, um sich über diese Person via Internet oder andere Formen der Recherche zu informieren; die restlichen Schüler bereiten Fragen an ihn vor.
darauffolgende Unterrichtsstunde	Nach Ablauf dieser Woche nimmt der Schüler auf dem *"Hot chair"* Platz und wird von den anderen über sein Leben etc. befragt.
mögliche Probleme	Die Interviewsituation erfordert die Bereitschaft zur Identifikation mit der fiktiven Identität und auch Freude am spielerischen Umgang mit der Fremdsprache. ➜ Sehr unsichere Schüler sollten nicht zu dieser Aktivität gezwungen werden.

Lernstufe	ab 4. Lernjahr
vorausgegangene Unterrichtsstunde	Sie haben die *modal auxiliaries* (v.a. *should, must, could, might*) oder die Steigerungsformen einschließlich der Strukturen des Vergleichs wiederholt.
kognitive Voraussetzungen	Die Schüler sollten obige Grammatikprobleme sicher beherrschen. Sie sollten freies inhaltsorientiertes Sprechen in der Fremdsprache gewohnt sein.
Lernziele und Übungsziele	Die Schüler sollen frei und überzeugend in der Fremdsprache argumentieren können. Sie sollen auf Einwände spontan in der Fremdsprache reagieren können.
Hausaufgabenstellung	Die Schüler wählen zu Hause einen (kleineren) Gegenstand oder das Bild eines Gegenstands (aus Werbeprospekten), den sie „verkaufen" wollen und entwerfen dafür einen möglichst eindrucksvollen Werbevortrag (Notizen als Gedächtnisstütze). Sie üben diesen Werbevortrag – am besten vor Publikum – laut ein.
darauffolgende Unterrichtsstunde	Die Schüler zeigen ihrem Partner den Gegenstand bzw. das Bild und versuchen ihn mittels ihres Werbevortrags zum Kauf zu überreden. Der Partner darf mit kritischen Einwürfen und Gegenargumenten reagieren. Hat der Verkäufer seinen Vortrag beendet, teilt ihm sein Partner mit, ob er sich zum Kauf entschließt oder nicht, und begründet seine Entscheidung.
mögliche Probleme	Dies ist eine recht anspruchsvolle Sprechaktivität, die natürlich zu Fehlern führen wird. ➜ Sollte Ihnen dies Sorgen machen, so bilden Sie Dreiergruppen, die reihum die Rolle wechseln, wobei jeweils ein Schüler den kritischen Zuhörer spielt, der die auffälligsten Fehler notiert. Geben Sie dazu den Schülern Raster mit den wichtigsten Fehlerkategorien (z.B. *pronunciation, words, word combinations, grammar, (im)politeness*), in das sie die Fehler rasch eintragen können. Das Raster wird anschließend dem Sprecher übergeben, der als nächste Hausaufgabe seine Fehler klären und verbessern muss. Dies klappt natürlich nicht ohne langfristig angelegte Schulung im kritischen Zuhören. Gewöhnen Sie Schüler Schritt für Schritt bei der gemeinsamen Analyse mündlicher Äußerungen im Klassenzimmer (z.B. Mitschnitte von Partnergesprächen, sofern die Schüler einverstanden sind) an ihre Rolle als Feedback-Geber.

4.5 Hausaufgaben zur Verbesserung der Schreibfertigkeit

Schriftliche Hausaufgaben dienen zumeist der Einübung und Festigung des im Unterricht Erarbeiteten. Da hierbei stark gelenkte Aufgabentypen dominieren, wächst mit jedem Lernjahr die Gefahr, dass schriftliche Hausaufgaben von den Schülern als monoton, schematisch und wenig motivierend empfunden werden. Die folgenden Hausaufgabenvorschläge legen den Schwerpunkt bewusst auf den freieren, kreativen Umgang mit der Fremdsprache, um aufzuzeigen, dass der Hausaufgabenpraxis hier ein großes Potenzial an motivierenden Möglichkeiten zur Schulung der Schreibfertigkeit offen steht. Dass schriftliche Hausaufgaben natürlich auch gelenkte Aufgaben umfassen müssen, ist unbestritten, doch ist hier ein Aufgreifen des bereits vorhandenen umfangreichen Repertoires an Hausaufgabenformen überflüssig. Wieder sind die Hausaufgabenvorschläge als exemplarisch und als Hinweis auf zu variierende Prinzipien zu verstehen.

Lernstufe	ab 1. Lernjahr
vorausgegangene Unterrichtsstunde	Sie haben das *simple present* in seiner Funktion „Gewohnheit, regelmäßig wiederkehrende Geschehnisse, Beschreibung von Merkmalen“ wiederholt.
kognitive Voraussetzungen	Die Schüler sind mit dem *simple present* und den wichtigsten *adverbs of frequency* vertraut.
Lernziele und Übungsziele	Die Schüler sollen eine Person mit ihren Lebensgewohnheiten und Charakteristika beschreiben können.
Hausaufgabenstellung	Die Schüler beschreiben in einem kurzen Text eine ihnen bekannte Person (Nachbar, Verwandter, Freund etc.). Dabei erwähnen sie weder Name noch Alter der Person. Auch die Art der Beziehung zu dieser Person (ob Nachbar oder Verwandter oder ...) wird nicht beschrieben.
darauffolgende Unterrichtsstunde	Die Schüler lesen einem Partner ihren Text vor. Der Partner versucht, die fehlenden Parameter (Wer ist es? Alter? etc.) zu erraten.

mögliche Probleme	Schwächere Schüler benötigen u. U. ein Beispiel, damit sie sinnvolle Beschreibungsparameter heranziehen. ➜ Legen Sie das Bild eines Prominenten als Folienkopie auf den OHP und decken Sie den Kopf ab. Beschreiben Sie dann diese Person und legen Sie bei jedem Beschreibungsparameter dessen Bezeichnung (*hobbies, everyday routine, habits...*) neben das Bild auf den OHP. Lassen Sie schließlich die Schüler die Identität der Person raten. Grundsätzlich sollten Sie darauf hinweisen, dass diese Personenbeschreibung nicht zu „persönlichen Abrechnungen" und Racheakten missbraucht werden soll.

Lernstufe	ab 2. Lernjahr
vorausgegangene Unterrichtsstunde	Sie haben eine systematische Wortschatzwiederholung und -erweiterung zum Bereich Adjektive und Adverbien durchgeführt.
kognitive Voraussetzungen	Die Schüler sollten über ein differenziertes Repertoire von Adjektiven und Adverbien zur Beschreibung von Menschen und Tätigkeiten (Hobbys, Sport etc.) verfügen.
Lernziele und Übungsziele	Die Schüler sollen Adjektive und Adverbien in kausalen Nebensätzen anwenden können.
Hausaufgabenstellung	Geben Sie den Schülern das Arbeitsblatt *"What I like... /hate..."* (S. 108). Die Schüler sollen in den Kreis eine geschätzte oder ungeliebte (öffentliche) Person, Tätigkeit o. Ä. als Begriff einfügen, ein Foto einkleben oder auch eine eigene Zeichnung einfügen und dann ihre Gründe für ihre Wertschätzung oder Abneigung hinzufügen.
darauffolgende Unterrichtsstunde	Die Schüler wählen einen Partner, lesen sich abwechselnd ihre Vorlieben/Abneigungen vor und vergleichen.
mögliche Probleme	Verzichten Sie nicht auf die empfohlene Wortschatzwiederholung und -erweiterung und eventuelle Anwendungsübungen. Sie vermeiden auf diese Weise die Einengung der Gründe auf die stereotype Wiederholung von "it's great" und "it's terrible".

Homework

❤ What I like... hate... ⚡

I adore ( ) because ______________________

I like ( ) because ______________________

I don't like ( ) because ______________________

I really hate ( ) because ______________________

Lernstufe	ab 3. Lernjahr
vorausgegangene Unterrichtsstunde	Die Hausaufgabe ist an keinen spezifischen Vorunterricht gebunden. Sie bietet sich nach einer Wiederholung der *tenses* an.
kognitive Voraussetzungen	Die Schüler sollten die *tenses* sicher beherrschen und mit der leserfreundlichen Strukturierung von Texten vertraut sein (Einsatz von *connectives*, Textstrukturierungselementen etc.)
Lernziele und Übungsziele	• Die Schüler sollen ihre Ideen in der Fremdsprache formulieren und bei Vokabulardefiziten sowohl Kompensationsstrategien (z. B. Paraphrasierungen) als auch das Lexikon zur Problemlösung heranziehen können. • Ein ebenso wichtiges Lernziel ist allerdings, dass sie Freude am spielerischen, freien Umgang mit der Fremdsprache entwickeln.
Hausaufgabenstellung	Jeder Schüler nimmt ein leeres (liniertes) DIN-A4-Blatt und schreibt an einer Stelle, die er frei wählen kann einen beliebigen Satz, z. B. ____________________ ____________________ ____________________ ____________________ ______ Suddenly she looked at him, turned pale and fainted. ____________ ____________________ ____________________ ____________________ Die Schüler geben dieses Blatt einem Partner, der zu Hause eine geschlossene Geschichte mit einem Höhepunkt entwerfen muss, in die sich der vorgegebene Satz an dieser Stelle sinnvoll einfügt.
darauffolgende Unterrichtsstunde	Die Schüler geben ihr Blatt dem Autor des Stimulus-Satzes zurück, der eventuell Verbesserungen anbringt. Die Texte werden (u. U. nach einer Überarbeitung) im Klassenzimmer ausgehängt.

mögliche Probleme	Ideenarmut ist bei dieser Aufgabe manchmal ein größeres Problem als die Fremdsprache. ➜ Ermuntern Sie die Schüler, „Berater“ (Familienmitglieder, Freunde...) zur Ideenfindung heranzuziehen.

Lernstufe	ab 3. Lernjahr
vorausgegangene Unterrichtsstunde	Die Hausaufgabe bietet sich an nach der Wiederholung der Vergangenheitsformen oder von *reported speech*.
kognitive Voraussetzungen	Die Schüler sollten die verschiedenen *tenses of the past* in Form und Funktion sicher beherrschen und mit *reported speech* vertraut sein.
Lernziele und Übungsziele	Die Schüler sollen die *tenses* und *reported speech* in komplexen Kontexten anwenden und eigene Ideen in der Fremdsprache formulieren können.
Hausaufgabenstellung	Legen Sie eine Folienkopie des Bildes auf den OHP und sprechen Sie mit den Schülern über die dargestellte Situation. Geben Sie dann den Schülern das Arbeitsblatt (S. 111) und erläutern Sie kurz die Anweisungen.
darauffolgende Unterrichtsstunde	Lassen Sie einige Schüler ihren Tagebucheintrag vorlesen. Diskutieren Sie dann mit den Schülern kurz, wie, ausgehend von dem Eindruck des Tagebuches, die weitere Entwicklung der Beziehung verlaufen könnte.
mögliche Probleme	Die dargestellte Situation kann in manchen pubertierenden Klassen zu unpassenden Kommentaren beim Vorlesen verleiten. ➜ Sollten Sie aus Erfahrung dieses Verhalten erwarten, so wählen Sie ein anderes Bild (z. B. Darstellung eines Rock-Konzerts, Banküberfalls etc.).

Homework

These two young people are having their first rendez-vous. What could they be thinking of each other? What could happen? Have a good look at the picture!

Now try to recall the English words which help you to describe a person's appearance, behaviour and character, and write them down on a piece of paper.

Then write down either what the young man or what the young lady could write into his or her diary at the and of that day. Try to use as many of the words from your piece of paper as possible.

Dear Diary,

____

____

____

____

____

____

____

____

____

____

____

____

4.6 Hausaufgaben als Weg zum selbstständigen Lernen

Schüler sollten im Englischunterricht nicht nur Sprache und kulturkundliche Kenntnisse erwerben. Sie müssen sich auch ein Repertoire an Arbeitsweisen, Lernstrategien und metakognitiven Strategien aneignen, das sie befähigt, eine Fremdsprache selbstständig zu erlernen oder hinsichtlich ihrer spezifischen (z. B. beruflichen) Bedürfnisse zu vertiefen. Dieses Ziel erfordert Aufgaben mit langfristiger Planung, eigenständiger Terminierung der (Teil-)Aufgaben, Erprobung und individuelle Anpassung von Strategien. Hausaufgaben bieten hierfür ein ideales Forum – sofern die Aufgabenstellungen für die Schüler relevant und interessant sind und die Ergebnisse entsprechend gewürdigt werden.

Lernstufe	ab 1. Lernjahr
vorausgegangene Unterrichtsstunde	Sie haben mit Ihren Schülern ein Einkaufsgespräch erarbeitet.
kognitive Voraussetzungen	Die Schüler müssen mit der Verlaufsstruktur und den sprachlichen Wendungen eines Einkaufsgesprächs vertraut sein.
Lernziele und Übungsziele	Die Schüler sollen erkennen, dass sie ihre alltägliche Umgebung als Lernanlass und nützliche Input-Quelle verwenden können. Sie sollen außerdem ihren themenspezifischen Wortschatz (*food, drinks*) erweitern.
Hausaufgabenstellung	Die Schüler sollen zu Hause oder in einem Supermarkt von Produktverpackungen fünf englischsprachige Produktbezeichnungen auf Wortkarten schreiben (die deutsche Bedeutung auf die Rückseite) und, sofern möglich, die leeren Packungen mit in die Schule nehmen.
darauffolgende Unterrichtsstunde	Die Produktbezeichnungen werden gesammelt, vorgestellt und, sofern es sich um Bilder handelt, zusammen mit den Wortkarten am Pinboard oder auf einem großen Poster befestigt. Die leeren Produktpackungen werden zusammen mit den Wortkarten in ein Regal gestellt. Sie werden bei der Einübung eines Einkaufsgesprächs als Requisiten verwendet. Für die Vorbereitung des Einkaufsgesprächs erhalten jeweils zwei Schüler ein Kärtchen, auf dem der Zweck ihres Einkaufs angegeben ist (z. B. ein großes Frühstück für die Familie / eine Party für Freunde mit vielen unterschiedlichen Sandwiches etc. vorbereiten). Sie stellen dafür aus bereits bekanntem sowie dem im Klassenzimmer präsentierten Vokabular ihre Einkaufslisten zusammen und verwenden diese in dem anschließenden *role play "Going shopping"*.
mögliche Probleme	Das Vokabular, das auf diese Weise zusammengetragen wird, ist nur teilweise vorhersehbar. ➜ Stellen Sie sich deshalb darauf ein, dass Sie im Unterricht einige vorbereitete Aufgabenkärtchen nicht verwenden können und stattdessen ad hoc einige neue, auf den Wortschatz besser abgestimmte entwerfen müssen.

Lernstufe	ab 2. Lernjahr
vorausgegangene Unterrichtsstunde	Diese Hausaufgabe ist an keine spezifische Vorbereitung gebunden. Sie kann in der Folgestunde zur Gestaltung des Stundenanfangs (z. B. als lexikalische Hinführung zu einem Text) oder des Stundenendes verwendet werden.
kognitive Voraussetzungen	Die Schüler müssen aus dem Unterricht mit Wortassoziationsverfahren vertraut sein. Sie müssen den Umgang mit dem zweisprachigen Wörterbuch beherrschen.
Lernziele und Übungsziele	• Die Schüler sollen zu einem Schüsselwort möglichst viele thematisch verwandte Wörter abrufen können und so eine wichtige Gedächtnistechnik lernen und verfeinern. • Sie sollen lernen, Wortbedeutungen und Wortverwendung im Lexikon zu überprüfen und die Bedeutung dieses Verifizierungsverfahrens erkennen.
Hausaufgabenstellung	Ein Schüler (besser noch: zwei bis drei Schüler, sofern diese die Hausaufgabe gemeinsam erledigen können) erhält vom Lehrer auf einer (farbigen) runden Wortkarte einen zentralen Begriff (z. B. *office job*). Er versucht zu Hause, möglichst viele mit diesem Begriff thematisch verwandte Wörter abzurufen; Wörter, die ihm wichtig erscheinen, die er aber in der Fremdsprache nicht (mehr) kennt, schlägt er im Lexikon nach. Er erstellt dann mit diesen Wörtern ein *word web*, das nach semantisch sinnvollen Feldern strukturiert sein sollte. Er überprüft abschließend dieses *word web*, ergänzt es u. U. und schlägt bei Unsicherheit die genaue Wortbedeutung und die Bedingungen der Wortverwendung (z. B. als Kollokation, syntaktische Besonderheiten etc.) im Lexikon nach.

darauffolgende Unterrichtsstunde	Der Schüler heftet den zentralen Begriff an die Tafel und fordert seine Mitschüler auf, ihm möglichst viele thematisch verwandte Wörter zuzurufen, die er in einem sinnvollen *word web* an der Tafel anordnet. Er ergänzt schließlich das *word web* entsprechend seiner zu Hause erarbeiteten Vorlage und erklärt eventuell unbekannte Wörter. Anschließend wird mit diesem *word web* eine (mündliche) Geschichte erstellt, indem jeweils ein bis zwei Wörter von einem Schüler in einem Satz verwendet werden. Ein anderer Schüler führt die Geschichte mit erneut ein bis zwei Wörtern aus dem *word web* fort. Die „verbrauchten" Wörter werden jeweils von der Tafel entfernt. Die Geschichte wird fortgeführt, bis alle Wörter von der Tafel verschwunden sind.
mögliche Probleme	Das Erstellen eines *word web* (v. a. die Strukturierung der Wörter, die Schüler liefern) sieht einfach aus, erfordert jedoch Erfahrung. ➜ Integrieren Sie daher *word webs* in Ihre Wortschatzwiederholung und erklären Sie das Verfahren und seine Bedeutung. Wählen Sie für die *word webs* gute und selbstsichere Schüler.

Lernstufe	ab 3. Lernjahr
vorausgegangene Unterrichtsstunde	Diese Hausaufgabe ist an keine spezifische Vorbereitung gebunden. Sie kann im Rahmen der Textarbeit zu einem bestimmten Thema gestellt werden.
kognitive Voraussetzungen	Die Schüler müssen mit den wichtigsten Worterschließungsstrategien vertraut gemacht worden sein. Sie müssen den Umgang mit dem ein- und zweisprachigen Lexikon beherrschen.
Lernziele und Übungsziele	• Die Schüler sollen lernen, Worterschließungsstrategien bewusst anzuwenden und darin Routine zu erwerben. • Sie sollen die Funktion des Wörterbuchs als Mittel zur Information über Möglichkeiten und Grenzen der Wortverwendung erkennen.
Hausaufgabenstellung	Die Schüler erhalten einen Text, der unbekannte Wörter enthält. Sie versuchen zu Hause mithilfe der bisher vermittelten Strategien zur Erschließung des Wortschatzes (aber ohne Heranziehen eines Lexikons) die Wortbedeutung zu erraten.
darauffolgende Unterrichtsstunde	Die Schüler besprechen mit einem Partner die Ergebnisse ihrer Erschließungsversuche: Dies sollte auch einen Austausch über die herangezogenen (und evtl. auch wieder verworfenen) Erschließungsstrategien umfassen. Sie überprüfen dann mithilfe eines Wörterbuches die Richtigkeit ihrer Hypothesen und klären dann mittels eines einsprachigen Lexikons die Verwendungsmöglichkeiten der Wörter. Anschließend erfolgt im Plenum unter Leitung der Lehrkraft das Sammeln der Ergebnisse und deren Fixierung an der Tafel.
mögliche Probleme	Vermeiden Sie bei der Textarbeit über eine zu häufige lexikalische Vorentlastung eine negative Konditionierung der Schüler in Richtung „Die Lehrkraft erklärt immer alle unbekannten Vokabeln“: Lassen Sie stattdessen auch im Unterricht bei der Textarbeit immer wieder Erschließungsstrategien mit zunehmender Komplexität anwenden.

Lernstufe	ab 3. Lernjahr
vorausgegangene Unterrichtsstunde	Sie haben die Wiederholung eines bestimmten Grammatikphänomens für die Folgestunde festgelegt und allen Schülern den Auftrag gegeben, sich in einer Nachschlagegrammatik mit diesem Bereich erneut vertraut zu machen.
kognitive Voraussetzungen	Die Schüler müssen den Umgang mit Nachschlagegrammatiken und die wichtigsten Recherchestrategien (Wie komme ich an authentische englische Texte?) beherrschen.
Lernziele und Übungsziele	• Die Schüler sollen lernen, authentische Texte mit dem Ziel des Spracherwerbs auszuwerten. • Sie sollen die Bedeutung und den Nutzen eines analytisch-bewussten Umgangs mit sprachlichem Material erkennen.
Hausaufgaben-stellung	Eine Gruppe von sechs Schülern (geben Sie ihnen dafür mehrere Tage Zeit) soll aus authentischen Texten (Internet, Tageszeitungen, Literatur etc.) zu dem von Ihnen festgelegten Grammatikproblem (z. B. Adverbien und ihre Position im Satz) eine Reihe von Satz- oder Satzteilbeispielen finden und auf große Papierstreifen schreiben. Die Beispiele werden u. U. kategorisiert.
darauffolgende Unterrichtsstunde	Die Lehrkraft befestigt den zentralen Begriff (z.B. *"adverbs"*) als auffällige Wortkarte an der Tafel. Die Schülergruppe fügt eventuell die Begriffe der Unterkategorien hinzu und ordnet dann ihre Satzbeispiele den einzelnen Kategorien zu. Dabei lesen die Schüler Beispiele laut vor und erklären die Zuordnung zu bestimmten Kategorien (z.B. *adverbs of frequency*) und eventuelle Besonderheiten. Anschließend erfolgen Übungen verschiedenen Typs zu diesem Grammatikbereich.
mögliche Probleme	Manche Schüler haben keine klaren Vorstellungen von grammatischen Kategorien. ➜ Gehen Sie vor der Präsentation der Textbeispiele diese zusammen mit der Schülergruppe durch um Irrtümer / falsche Hypothesen zu klären und ungeeignete Beispielsätze auszusondern.

Lernstufe	ab 4. Lernjahr
vorausgegangene Unterrichtsstunde	Sie haben die Textsorte *"personal letter"* eingeführt und anhand eines Modelltextes die Konventionen der Textsorte besprochen.
kognitive Voraussetzungen	Die Schüler müssen mit der Textsorte *"personal letter"* vertraut und an das Schreiben freier Texte gewöhnt sein.
Lernziele und Übungsziele	Die Schüler sollen selbstständig erkennen, worin die wichtigsten Elemente der Adressatenbezogenheit und Leserfreundlichkeit in einem Brief bestehen.
Hausaufgaben-stellung	Die Schüler sollen einem Partner einen persönlichen Brief schreiben, dessen Inhalt sie selbst bestimmen können. Nach dem Verfassen des Briefes notieren sie auf einem Blatt, das der Adressat nicht erhält, ihre Erwartungen an den Antwortbrief (z.B. auf welche Punkte ihres Briefes soll er eingehen? Worüber möchten sie informiert werden? Welche allgemeinen Merkmale sollte er aufweisen?)
darauffolgende Unterrichtsstunde	Die Korrespondenz-Partner tauschen die Briefe. Während des Unterrichts oder auch als Hausaufgabe wird der Brief des Partners beantwortet. Anschließend – bzw. in der Folgestunde – werden diese Antwortbriefe erneut getauscht und dann kritisch gelesen: – Entspricht der Brief den Erwartungen, die man an ihn hatte (mit Notizen vergleichen)? – Was stört beim ersten Lesen des Briefes? Was empfindet man als unhöflich, uninteressant, überflüssig, unattraktiv? Die Analyseergebnisse werden mit dem Partner diskutiert. Anschließend werden die Erfahrungen und wichtigsten Probleme im Plenum besprochen.
mögliche Probleme	„Mir fällt nichts ein!" ➜ Geben Sie Schülern, die keine Ideen für ihren Ausgangsbrief haben, eine Liste möglicher Themen (letzter Urlaub, Urlaubspläne, neues Haustier, Schulereignisse wie Skikurs oder Wandertag, der letzte Film, den man gesehen hat usw.).

Lernstufe	ab 4. Lernjahr
vorausgegangene Unterrichtsstunde	Sie haben in einen landeskundlichen oder in einen allgemeinen, die Schüler interessierenden Problembereich eingeführt. Dieser Problembereich soll in den folgenden Stunden vertieft werden.
kognitive Voraussetzungen	Die Schüler sind mit Verfahren der Textbehandlung vertraut. Sie beherrschen den Umgang mit dem Wörterbuch und wissen, wie man sich authentische Texte zu bestimmten Themen verschafft.
Lernziele und Übungsziele	• Die Schüler sollen Texte nach bestimmten Fragestellungen lesen und gezielt Informationen verarbeiten können. • Sie sollen selbstständig Texte hinsichtlich ihrer relevanten Informationen analysieren können.
Hausaufgabenstellung	Die Lehrkraft teilt die Klasse in Gruppen von jeweils vier Schülern ein. Jede Gruppe ist für einen Teilaspekt des Rahmenthemas (z. B. *Australia* als Rahmenthema: *spectacular scenery / Sydney / life of the aborigines today / sharks and salties – wildlife in Australia* etc. als Teilaspekte) zuständig und soll dazu in Absprache innerhalb der Gruppe zwei interessante Texte mit einem kurzen, aber attraktiven Aufgabenapparat liefern. Die Texte können dem Internet, Zeitschriften oder Büchern des englischsprachigen Teils der Schulbibliothek entnommen werden. Die Texte werden von der Lehrkraft mehrfach kopiert.
darauffolgende Unterrichtsstunde	Diese von den Schülern bereitgestellten Texte und Aufgaben bilden das Material der nun folgenden Stationenarbeit. Je nach der verfügbaren Zeit (eine Doppelstunde wäre günstig), bearbeiten die Schüler mehrere Texte der anderen Gruppen. Die Ergebnisse werden am Ende zusammengefasst und diskutiert.
mögliche Probleme	Manche Schüler erledigen die Aufgabe hochmotiviert und mit großem Geschick, für andere ist dies eine lästige Pflicht, die nur lieblos erfüllt wird. ➜ Informieren Sie sich über die Qualität der Texte und Aufgaben rechtzeitig und sortieren Sie unbrauchbare lieber aus, wenn Sie davon ausgehen müssen, dass auch die Überarbeitung von den Schülern nur lieblos durchgeführt würde. Unattraktive Materialien wirken bei der Stationenarbeit oft sehr demotivierend.

Lernstufe	ab 5. Lernjahr
vorausgegangene Unterrichtsstunde	Diese Hausaufgabe ist nicht an spezifische Vorbereitungen gebunden. Sie kann im Laufe eines Schuljahres von mehreren einzelnen Schülern oder von Schülerteams erledigt werden.
kognitive Voraussetzungen	Die Schüler müssen Erfahrung im Verstehen und Auswerten authentischer mündlicher Texte haben. Sie müssen den Umgang mit dem Lexikon beherrschen.
Lernziele und Übungsziele	• Die Schüler sollen Strategien für das Auswerten von mündlichen Texten für den Spracherwerb entwickeln. • Es soll ihnen bewusst werden, dass authentischer sprachlicher Input in seiner leichten Zugänglichkeit über moderne technische Möglichkeiten eine große Chance für die Erweiterung der Sprachkenntnisse darstellt.
Hausaufgabenstellung	Ein Schüler oder ein Schülerteam entscheidet sich für ein offensichtlich bedeutsames aktuelles Ereignis, das mit großer Wahrscheinlichkeit über mehrere Tage hinweg in den Fernsehnachrichten aufgegriffen werden wird (hier ist wahrscheinlich Beratung durch die Lehrkraft erforderlich). Dieses Ereignis wird die gesamte Woche hinweg in den englischsprachigen TV-Nachrichten verfolgt, es werden Notizen angefertigt darüber, – wie sich die Schwerpunktsetzung bei dieser Nachricht im Laufe der Woche änderte, – ob es überraschende Wenden oder neue Aspekte gab, – wie sich das Bildmaterial änderte, – wie man selbst auf die Berichterstattung zu diesem Aspekt reagierte. Darüber hinaus notiert und klärt der Schüler die unbekannten Wörter und Wendungen aus diesen Sendungen, die ihm für ein Gespräch über dieses Thema wesentlich erscheinen.

darauffolgende Unterrichtsstunde	Nach dieser Woche berichtet der Schüler über seine Analyse der Berichterstattung (u. U. illustriert er seine Aussagen mit kurzen Videomitschnitten der Nachrichtensendungen) und stellt auf einem Poster (das eine Woche an der Klassenzimmerwand verbleiben sollte) die von ihm ausgewählten Wörter und Wendungen vor.
mögliche Probleme	Die sprachliche und inhaltliche Auswertung von Fernsehnachrichten muss im Unterricht mehrfach gemeinsam durchgeführt worden sein, sonst sind Schüler ohne intensive Hilfestellung verunsichert.

Lernstufe	ab 5. Lernjahr
vorausgegangene Unterrichtsstunde	Diese Hausaufgabe ist nicht an eine spezifische Vorbereitung gebunden. Sie kann als "News of the Week" zu einer festen wöchentlichen Institution (z. B. regelmäßig am Wochenanfang) werden, für die jeweils ein anderer Schüler zuständig ist.
kognitive Voraussetzungen	Die Schüler müssen Erfahrung im Umgang mit authentischen, gesprochenen Texten und mit dem Lexikon haben. Sie sollten mit Umschreibungstechniken vertraut sein.
Lernziele und Übungsziele	Die Schüler lernen gesprochene Texte inhaltlich und sprachlich selbstständig auszuwerten und für ein Publikum hörerfreundlich aufzubereiten.
Hausaufgabenstellung	Der für die jeweilige "News of the Week" – Einheit zuständige Schüler wählt (entsprechend seinem Interesse) ein *"News-Item"* einer englischsprachigen TV-Nachrichtensendung und nimmt es auf Video auf (die Dauer sollte eine Minute nicht überschreiten). Er übernimmt die Rolle des Sprechers, wertet dahingehend die verwendete Sprache aus und legt sich einen möglichst verständlichen, klar strukturierten Text zurecht, der mit dem Originaltext nicht völlig identisch sein darf. Für die unbekannten Wörter in seinem Text entwirft er anschauliche und präzise Erklärungen.

darauffolgende Unterrichtsstunde	Der Schüler gibt eine kurze Einführung in die von ihm gewählte Nachricht (z. B.: Um welches Sportereignis handelt es sich? Wo und wann fand es statt?), erklärt die den Mitschülern unbekannten Wörter/Wendungen und schreibt sie an die Tafel (oder legt eine vorbereitete Folie auf). Dann führt er das Video ohne Ton vor und übernimmt dabei die Rolle des Sprechers. Er darf dabei Standbilder verwenden, wenn er die Informationen aus eigenem Expertenwissen ergänzen will oder wenn die notwendige Informationsmenge seine Sprechflüssigkeit überfordern würde. Anschließend wird das Video erneut – aber mit Ton – vorgeführt. In Klassen mit gutem Sozialklima ist es sinnvoll, dem Schüler anschließend Feedback bzgl. der Verständlichkeit und Attraktivität seiner Nachrichtenpräsentation im Vergleich zum Original zu geben.
mögliche Probleme	Hörverstehen ist eine sehr komplexe Fertigkeit. ➜ Schulen Sie das Hörverstehen zuerst an vielen authentischen Texten, bevor Sie Schüler mit dieser Hausaufgabe betrauen. Das Gefühl der Hilflosigkeit angesichts eines nur bruchstückhaft verstandenen Textes kann sehr demotivierend sein.

Lernstufe	ab 5. Lernjahr
vorausgegangene Unterrichtsstunde	Sie haben in den vorangegangenen Stunden das Thema *"advertising / commercials"* behandelt.
kognitive Voraussetzungen	Die Schüler sind mit dem wichtigsten themenspezifischen Vokabular zu *"advertising"* vertraut. Sie kennen Kategorien, die zur Analyse von Verfahrensweisen und Wirkung von Werbung herangezogen werden können.
Lernziele und Übungsziele	• Die Schüler sollen englischsprachige Werbesendungen analysieren und ihre Ergebnisse in einem anschaulichen Kurzvortrag vorstellen. • Sie sollen sich eigenständig dazu erforderliches zusätzliches Vokabular erwerben.
Hausaufgabenstellung	Mehrere Schüler (max. vier) verfolgen über mehrere Tage hinweg Werbespots im englischsprachigen Fernsehen und wählen schließlich ihren „Lieblingswerbespot" aus (Absprache in der Gruppe erforderlich), den sie auf Video aufnehmen und bzgl. der verwendeten Verfahrensweisen in Text, Musik und Bild sowie hinsichtlich der vermutlichen (oder bei ihnen erzielten) Wirkung analysieren. Sie bereiten auf der Grundlage ihrer Analyse einen möglichst überzeugenden Kurzvortrag vor.
darauffolgende Unterrichtsstunde	Die Schüler präsentieren ihre Analyseergebnisse und illustrieren sie durch das Videobeispiel, bei dem die technischen Möglichkeiten (Standbild, nur Ton oder nur Bild etc.) zur Veranschaulichung der Analyseergebnisse herangezogen werden sollen. Anschließend sollte im Plenum diskutiert werden, ob die restlichen Schüler die Analyseergebnisse für überzeugend halten.
mögliche Probleme	Der Vortrag erfordert ein gewisses Ausmaß an Meta-Sprache. ➜ Sie können durch eine Zusammenstellung der wichtigsten Begriffe vermeiden, dass die Schüler durch ungeschickte Lexikonarbeit unnötige Fehler machen.

5. Schlusswort

„Was Hausaufgaben anrichten“, lautet der Titel einer hausaufgabenkritischen Publikation von Hilmar Schwemmer. Hausaufgaben können in der Tat viel Unheil anrichten, wenn sie unreflektiert eingesetzt werden. Sie können Schüler langfristig demotivieren und vom richtigen Lernen fernhalten, wenn sie Kreativität, Neugier und komplexes Denken der Schüler weder fordern noch fördern. Dass die Umsetzung der in diesem Buch vorgeschlagenen Hausaufgabenpraxis im Unterrichts-alltag Überzeugungskraft, Hartnäckigkeit und einen langen Atem erfordert, steht außer Frage. Wer Kinder und Jugendliche aufmerksam beobachtet, wird feststellen, dass die meisten von ihnen lernen wollen, sofern die Aufgabenstellung für sie reizvoll ist – das differenzierte Expertenwissen vieler Jugendbücher in Domänen *ihrer* Welt beweist dies nur zu deutlich. Wenn es gelingen sollte, mithilfe dieses Buches Hausaufgaben wieder zu einer „Aufgabe“, d. h. zu einer Herausforderung an den Intellekt zu machen, dann hat dieses Buch seinen Zweck erfüllt.

Zitierte Literatur

Ehrmann, Madeline E./Oxford, Rebecca L., „Cognition plus: Correlates of language learning success". In: *The Modern Language Journal* 79 (1/1995), S. 67-89.

McCallum, George P., *101 word games*. Oxford: OUP, 1980.

Pauels, Wolfgang, „Hausaufgaben im prozessorientierten Fremdsprachenunterricht". In: *Praxis des neusprachlichen Unterrichts* 42 (3/1995), S. 233-239.

Ransford, Sandy/Eccles, Jane, *School Jokes*. London: Macmillan, 2000.

Retter, Colin/Valls, Neus, *Bonanza*. 77 English Language Games for Young Learners. Burnt Mill: Longman, 1984.

Schwemmer, Hilmar, *Was Hausaufgaben anrichten*. Von der Fragwürdigkeit eines durch Jahrhunderte verewigten Tabus in der Hausaufgabenschule unserer Zeit. Paderborn: Schöningh, 1980.

Struck, Peter, *Neue Lehrer braucht das Land*. Darmstadt: WB, 1994.

Vielau, Axel, *Methodik des kommunikativen Fremdsprachenunterrichts*. Berlin: Cornelsen, 1997.

Register

Adjectives/adverbs (gram.)	69
Adjectives/adverbs (voc.)	46, 88, 107
Advertising/commercials	123
Comparisons	84, 86
Conditional I	90
Could	98
Future, going to/will	76
Gerund (like, hate ...)	67, 74
Letter-writing	118
Past, mixed tenses	99, 110
Past simple	61
Past simple & progressive	64, 79, 82
Prepositions	36
Present progressive	64, 71, 95
Present simple	106
Questions	73
Reported speech	92, 103, 110
Tenses, mixed	99, 110
Word formation	47

Bildnachweis:

MEV	87
Verlagsarchiv	89, 91, 93, 111